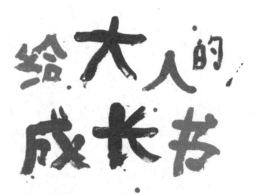

GROW!
PERSONAL DEVELOPMENT FOR PARENTS

[英]特雷弗·西尔维斯特 / 著　　何正云 / 译
(Trevor Silvester)

北京联合出版公司 · 旧音
Beijing United Publishing Co.,Ltd.

献给我的家人。过去、现在和未来的……

目　录

前　言

　　如果你觉得为人父母并不艰难，那很可能是因为你还没有为人父母。一个完全依赖于你的小生命被你带到这个世界，之后，日子一天天地过去，你们之间的分歧却日渐加剧，尤其体现在"到底什么对他来说才是最好的"这个问题上。这个问题会随着岁月的流逝而不断地演变，但却永远不会消失。这就给本书提供了一个绝佳的机会，让我可以通过这本书让孩子受益，也让父母们受益。

　　在这本书里，我将教会你如何培养孩子，让他们在面对生活的诸多挑战时拥有正确的态度，突破很多人难以逾越的种种局限。我也要教给你一些关于自身的知识，因为如果不身体力行，怎么可能培养出自己希望中的孩子呢？甘地曾经说过："想要改变世界，必先改变自己。"我借用这位伟人的话说："想要改变孩子，必先改变自己。"

　　本书包括四个部分。在第一部分里，我将介绍大脑的作用，告诉你它如何创建出了"这个世界中的你，并且让你先入为主地认为自己是个什么样的人"。我还将告诉你，让我们几百年来得以生生不息的那个求生系统中的一个不起眼的小漏洞，居然让我们形成了对自我及世界的看法，而正是这些看法捆住了我们的手脚，成为我们最大的敌人。

在第二部分里，我将给你上三堂课，内容是培养一种新的思维，让自己不再受到为讨好社会而产生的压力的影响，夺回对自己的生活和感觉的控制权，从而把选择自己想要的生活的权利重新交回到你的手上。

开头的这两部分讲的是关于成年人的事情，但是你会发现，你学到的有关自己的那些知识，其实也可以运用到如何培养孩子上面。在第三部分里，我们将专门来讲这个问题。我提出了8句育儿格言，同时也做了解释，让你明白为什么把它们纳入你与孩子的日常关系中，能够帮助他们成长为强健、幸福的成年人。

第四部分从审视孩子成长的各个阶段入手，并针对各个成长阶段，提出了一些可能对你有所帮助的建议。之后我会亲自跟孩子们对话。所有这些都是我从倾听别人问题20年，以及做家长30年的经历中收集整理出来的意见和想法。尽管这部分是为孩子们写的，但是我想你会发现同时也是为你们写的，所以，不要觉得自己是在偷听。

我在给家长们写这本书的过程中，没有把自己当成任何一种形式的儿童教育专家。我只是一个治疗师，希望我的观点可以帮到你们。

不幸的是，尽管我的客户告诉过我很多有关虐待、遗弃和伤害的凄惨故事，但是，他们大部分苦难的源头，其实还是在与父母、子女、朋友或者其他重要人士日常接触过程中产生的误解。我发现我从自己青年时代的经历中，或者，更加令人不舒服的，从我与自己孩子的共同经历中，也多次发现了类似的问题。我也尽我所能把能够支持我的观点的科学发现收入这本书里，但是我没有把书中所讲的内容彻底局限在可以证明的范围内。比如说那些教你如何做一个好家长的各种建议，我相信你会汲取你觉得有用的部分，摈弃无用的部分。

本书的主旨，是生物总是处于成长或者戒备这两种生物状态中的一种。我会提出这样的观点——大脑的日常工作就是时刻计算你应该处于哪种状态，而且它会利用记忆来指导其决策。经年累月，这些决策引导我们倾向以某一种方式去解读世界，而我们大多数时候面临的都是这两种方式之一：要么我们把世界看成是一个为了保护自己而需要戒备的地方，要么是一个能让我们茁壮成长的地方。这就意味着，我们在孩提时代面临父母的斥责、父母分手、父母似乎更偏爱某个兄弟姊妹，以及面对朋友或者遭到朋友拒绝时感觉到的蠢笨、老师的羞辱等这些问题的时候，做出的任何决策都可能把我们引入不必要的戒备状态。这些情形重要吗？太重要了。身体上的这种戒备状态不仅会导致重大的健康问题，还会影响到你的每一段感情生活、你追求的目标以及你的人际交往情况。

在一个你时刻做好了攻击准备的世界里，所有人都可能是攻击者，每一个机会里都包含着威胁。我将要论证，以戒备作为默认状态的生活是因为不喜欢自己而造成的，而成长型的生活则来自喜欢做自己的一种强烈意识。

我写这本书的目的，是想把成长和戒备这两种态度确立为我们培养孩子的原则，同时回答下面的问题：哪些做法会帮助你的孩子成长？哪些做法能够防止触发他们进入不必要的戒备状态？

如何确保你的孩子长大后会喜欢自己，而不会变成一个害怕拒绝、害怕失败，或者永远感觉自己不够好的人？下面就是我给出的答案。这些答案也适用于你，因为要是你自己总是处于戒备状态，就很难培养出一个成长型的孩子。我有时候会说到你与孩子的关系，有时候则会说到你与自己的关系。这样说来，我就得好好想想你，这位家长是位什么样的人。我的意思是，我正坐在电脑前，身边放着一摞白纸，那就是我们双方刚刚开了个头的这本书。我打算要写点儿什么，帮助你指导孩子走向幸福的人生，也帮助你在这个过程中获得幸福的生活，所以，我需要知道你是谁，对吧。这很不容易做到，因为可能会有数百万个"你"——如果出版社的愿望成真的话。所以，让我试着描述一下你。你大概在15～115岁之间，不是男性就是女性，同性恋、异性恋，或者其他性取向。你正处于一段感情中，或者过去曾经有过，或者现在想要开始一段，或者已经发誓永远单身。我要怎么做呢？我知道，那是我多年的经验积累。

让我说得再深入一点儿：有时候你会感觉自己的能力远不止目前所取得的成就，觉得自己身上的某种东西正在找机会向全世界展示。你并不总是能够确定别人喜欢你，并不总是能保证应该爱你的人一定会爱你。很多时候，你总是担心自己做得不够好；有时候，你甚至会怀疑自己是否应该得到跟别人一样多的成功和幸福。或许，并不是所有这些问题都适用于你，但总有那么几个会让你点头默认，尽管会点得很轻缓，很不情愿。我还要继续说下去。你有一个经历过几件大事的童年，这些事件都在你身上留下了印记，偶尔仍会让你无法释怀。你在恋爱中受过伤，或许依然还在期盼一段让你一生圆满的感情；或许你越来越觉得自己与所处的那个社会格格不入，你期盼着能以一种比自己迄今为止努力得到的这一切更好的方式填补生活中的某一段空白。说实话，生活对你来说有时候真的是有点儿艰难。

我怎么会知道你的这些问题？因为我刚刚描述的这些感觉几乎是放之四海而皆准的。我听到过这些感觉的各种不同组合，有的来自我诊室里坐在我对面的那些人，有的是在晚宴上，有的来自火车上不经意间听到的各种对话。我无法告诉你，从别人嘴里听到这些事情的时候，我是多么如释重负。所有的这些问题，都是我埋藏在自己内心深处的各种想法的回声。让我感到欣慰的是，我终于知道自己原来并不孤独。这些想法把穷人和富人，青年和老人，不同性别、不同性取向以及不同人种的人都联系起来了。**原来我们大家都是同病相怜的苦难人。**

正是我们大脑里的胡思乱想造成了我们的苦难。我们的思想、信念、感情和价值观构建出了身边的这个世界，使我们能够茁壮成长，或者让我们日渐凋萎。很多时候，我们觉得自己是这个世界的牺牲品。我想要跟你谈谈，把我知道的这些东西也让你知晓，让你了解那些我想让我的孩子和你的孩子都懂得的事情：你能够让自己成为想要成为的那个人，你也能帮助孩子做到这一点。尽管本书关注的是如何教育孩子，但它也适用于你的生活——**我们都还不是自己想要成为的那个人**；情况就是这样，**放任自流，我们的大脑倾向于让我们更多地保持自己一贯的样子**。尽管这也是一种变化，但是对你也许并没有帮助。有些事情你可以考虑，有些事情你也可以做，这些事情可以让你变成自己生活的创造者，而不是一辈子随波逐流。如果你觉得做自己好像没什么意思，那么这本书能够帮助你改变这种状况。喜欢自己的所作所为的父母，是能够让孩子成长的父母。有些事情多做，有些事情避开，就会鼓励孩子茁壮成长。分享我当治疗师多年里积累的那些最有价值的东西，目的是希望你的孩子不再重蹈覆辙。我将带你踏上一段旅程，学习一系列的生活课程。我会给你机会在自己的生活中进行尝试，并见证它们给你和家人带来的变化。但是，伴随它们而来的是警醒。如果你真的能够按照本书教你的方式去生活，那么事情就会发生改变。你会让自己的生活失去一些东西——主要是各种借口，同时也会得到一些东西，但它们几乎都是无形的。就像电影《黑客帝国》（*The Matrix*）中的尼奥，这本书的作用就好像一粒红药丸，服下它，你醒来的时候就会身处另一个世界，而且再也回不到过去。

　　一开始我就得明确说明，我讲的很多内容都来自我帮助客户回溯儿童时期的各种事件时的种种经验。我知道有些人认为回归疗法离经叛道，或者问题重重，但是我并不这样认为。昨天你晚饭吃的是什么？你看，我刚刚就做到了。回归就是促使某人想起过去的事情的行为。我们每天都在做这样的事情。在我的治疗中，回归就只是在客户的注意力集中到问题上时，以某种具体的方法要求他们留意心里此时想到的记忆是什么。在后面的章节里，我将解释一种关于心理和记忆的理论。这种理论认为，我们解读当下的方式其实是大脑寻找现在与过去事件之间联系的结果。就像一串珠链，我们年复一年的记忆按照大脑赋予它们的意义串联在一起。好消息是，我们的记忆是可塑的，所以，那些造成我们当前不快乐反馈的旧的记忆可以被改变。我们没必要成为过去的牺牲品。事实上，要想生活在成长的状态中，我们就得把自己从这种状况中解放出来。本书将会启发你认识到如何才能让这种情况变为可能。从孩提时代的负面影响中解脱出来得越深，这种情况影响你的孩子的可能性就越小。

我举个自己孩提时代的例子，一件对后来的我造成重大影响的小事。

大约在我 8 岁的时候，家里想养一条狗。全家人都同意了，就是我妈妈一直不松口。我们发起了一场运动来说服她，但是却没有成功——她心里很清楚，养狗的话大部分的活儿最后到底会是谁来干。一天，在父亲送我去学校的路上，我决定用我与母亲相处的"丰富经验"来帮帮他，于是便说道："爸爸，你是家里的男人。你要是想养条狗，就应该坚定不移，明确地说我们要养条狗。"当天傍晚，我父亲采纳了我的建议。这个大笨蛋。

我们住的是一套政府提供的公租房，所以，躺在床上我就能听到起居室里的情况。千真万确，我听到他们在讨论关于养狗的问题。刚开始，讨论还算正常，但是后来火药味越来越浓。这就很不正常了，我父母过去并不太吵架。最终，由于父亲态度坚决，我听到母亲吼了起来："你要离就离，孩子都跟我！"

　　我至今仍清楚地记得当时的情景，我的心一下子收紧了，心想着我可能会把这个家搞得四分五裂。我从来没有想到过我居然会如此害怕。我很确定自己经历了一个心烦意乱的晚上。然而，第二天一早起来吃早餐的时候，我不仅看到他们和好如初，还听到了一个我们可以养狗的消息！我在后来所从事的治疗工作中发现，听到这个消息时的如释重负，并不能化解我头天晚上那种深深的恐惧。我的大脑已经把它储存了下来，希望我以后不再受到类似恐惧的伤害。它有什么样的影响呢？我此后再也无法自由地说出生活中自己的感觉，也不再允许自己对伴侣表达任何的愤怒。认知催眠疗法（Cognitive Hypnotherapy）帮助我重写了那段对话——把我成年后的理解应用到"买狗对话"那一夜的记忆中——我妈妈跟很多人一样，有时候会采用某种技巧，把自己的观点推向一个极端，目的是迫使对方让步。现在，这个事情对我来说不再是个问题，而且如果我想养条狗，我会坚定不移，并以真正诚恳的态度向我妻子提出来。

　　我从一开始就想明确的关键问题是：不是说我对这个事件的叙述就是所发生的事情的"真相"，这其实仅仅是我对它的新的理解而已。它们二者都只是解读。我后面将会解释，我们会如何编造出一个关于自己的故事，在这个故事中，这些解读的结果，构建起了我们的性格以及对这个世界所做出的反应。我们的大脑以很认真的态度对待这个故事，把它当成了真的，但其实它不是。我将教会你如何为自己的孩子编写一段走向幸福生活的叙事方式，与此同时，告诉你如何把自己看成是自己故事的作者，而不只是其中的一个角色。所以，如果你想要改变，当然可以改变。

这是一本比较个人的书，无论从哪个方面看，它仅可能是一个让你能够更好地思考的工具而已。让这本书如此个人的诸多原因之一，是在我刚要着手写作之前收到的消息：我可能要当爷爷了。在本书慢慢变厚的同时，我也见证着我的孙子希思开始他的人生之旅，而且在本书写作的进程中，他又有一个堂妹和一个堂弟加入进来，他们就是萨莎和塞思。我真的很幸福。在我写作的过程中，他们在我心里的分量越来越重，成为我希望这本书能够实现的目标的一个自然焦点。书里所包含的思想也许会为他们的人生旅程提供帮助。这不是我的本意，但我真的希望如此。

第一部分

——

**这里全都是
与你有关的事情**

故事开始：你如何一步一步地变成了现在的样子……

第一章

你的遭遇绝非偶然……

　　曾经有一对由脾气暴躁的酒鬼父亲带大的两兄弟，挨父亲打成了他们两人的家常便饭，而且打骂和羞辱他们好像也成了这位父亲乐此不疲的事情。当两兄弟长大成人之后，其中一位成了跟他父亲一模一样的人，虐待起孩子来跟当年的父亲简直难分上下。而另一位兄弟则成了成功的商人和一位慈爱的父亲。有人分别问过两人同一个问题："你是如何让自己变成现在这个样子的？"两人给出了同样的答案："有一个那样的童年，我还能怎样？"

20年来，我一直坐在治疗室里，认真地听别人诉说。我听到过很多给当事人造成了后天生活的痛苦和局限的童年往事。有些故事跟你想的是一样的：虐待、伤害和遗弃，但是更多的却更像是家长里短的琐事。上学第一天的糟糕经历真的会带来对失败的恐惧吗？一次被拒绝会导致后续的交往灾难吗？看起来答案似乎是肯定的。然而，对于童年时遭遇过伤害而且这个伤疤一直延续到成年生活中的人来说，也会有人在成年后把这段经历当成创建成功的美好生活的催化剂。

　　有一家致力于为容易受到伤害的年轻人提供帮助的慈善机构，叫作孩童公司，我一直以治疗师的身份服务于这家机构，直到这家机构令人遗憾地关闭。这段经历使我有机会经常看到这样的年轻人，他们想要逃脱那种无人关爱的乏味日子，去追求更加美好的生活，其决心之大令人吃惊。在位于哈雷街的治疗室里，我有时会遇到这样的客户，他们已经过上了优渥的生活，但仍然被困在自己想象出来的监牢里。至于开篇提到的两兄弟的故事，好像跟我们业已形成的概念中的情形也有所不同。如果真是如此，如果生活如我们所愿，那为什么不让它变得更加美好呢？如果我们想要的生活就是自己解释的这种结果，那如何指引我们和我们的后代正面解读一个事件，而不是对其做负面解读？如何能够选择一种让我们对世界及其可能性敞开胸怀而不是关闭心扉的解读，一种引导我们过上不断成长而不是戒备的生活的解读？这个问题把我带回到了本书的中心思想上。

成长与戒备

如果取你身上的一个细胞，把它放到有营养液的培养皿里，它会朝着营养液移动。要是用毒液替换掉营养液，细胞就会远离。换句话说，细胞总是向成长的机会靠拢，而它发现需要戒备时会做出相应的反应。

作为细胞的聚合体，我认为我们人类也在做同样的事情。弗洛伊德把这种情况说成是"快乐原则"（pleasure principle），它的意思是说我们都趋向快乐而避开痛苦。从来到这个星球的第一天开始，大脑就一直在解读你的体验，用它们来预测世界运行的方式，以及每时每刻你会遭遇的事情。这种解读是为了能够正确地识别你正在面对的各种环境是需要戒备还是需要成长。你身处的成长机会越多，繁茂的可能性就越大。**本书要表达的最为重要的思想就是，把时间花在成长上还是花在戒备上，这是一个重大的选择问题。**

我想澄清的一件事情是，我并不认为戒备反应有什么不对。它在我们作为一个物种的繁衍生息过程中起着关键的作用。想保护好孩子是我们所具备的本能中最强大的一种。然而，这个优点可能让我们把一些不必要的担心传递给孩子，甚至会把他们引向对自己的认知局限之中，这种情况会困扰他们的整个人生。通过阅读本书，你也许会发现这种情况已经在你的身上发生了。本书想教会你如何区分不必要的戒备和真正的威胁，告诉你如何突破过往经验的局限，培养出这样一种心态——寻求成长，追求幸福、满足和成功的生活。

学习开始的时间比你想象的要更早

从婴儿诞生的那一刻起，大脑就开始忙碌起来，试图搞清楚自己降生之地的各种情况。就像空降兵降落在敌方的区域时，身上已经装备了以前的空降兵认为能让自己生存下来所需要的一切。随后，有用的东西会被留下来，而没用的则被丢弃。例如，所有的婴儿都会微笑，但是如果得不到回应，他们就不笑了，也可能永远不笑了。有趣的是，任何被认为是友好的反应，像咕咕声、拥抱或者挠痒痒这些在心理学上被称为正面刺激的做法，都能够维持婴儿微笑的能力。

婴儿对周围世界的反应，由组织和解读他所感知的那些信息的一套程序指导。这份程序很忙碌。我看到过这样的说法，每秒大概有 700 万 ~1100 万比特的信息经过我们的感知器官，对于大脑来说，这么大的信息量它根本处理不了。一份著名的研究结论是我们每次有意识地获取的信息大约只有 7 比特。你没看错，是 700 万 ~1100 万比特中的 7 比特。你大概会想，大脑如何来确定到底应该是哪 7 比特呢？程序要查找什么？它要查找此时需要的是戒备反应，还是最能导致成长的那些行为。这就是我们的这份程序在每秒分析几百万比特信息，筛选出 7 比特给我们关注时要做的事情：找出哪些信息与我们的成长或者戒备相关，哪些不相关。但是，它是如何知道的呢？

对这个问题的简单回答就是记忆。

记忆——被记住的现在

我们拥有记忆这个事实引出了一个有意思的问题。你还记得自己的结婚纪念日吗？或者还记得你一生中最糟糕的那个日子（我希望对你来说，这是两个不同的日子）吗？当你考虑这个问题的时候，能够回想起来的是什么？

越来越多的证据表明，我们的记忆存在的目的是感知当下。我们在自己周围见到的事物，大约 80% 实际上是推测出来的信息。当我们看着某种东西的时候，看到的不只是这个东西本身，还带有很多个人的解读。如果你看一个苹果，很容易忽视这个事实：你看它的时候带着一种态度——你喜欢苹果还是厌恶苹果？喜欢红苹果还是绿苹果？它是削皮而且切片的还是直接从树上摘下来的？它让你想到了白雪公主还是威廉·泰尔（William Tell）？想到了你被一口苹果噎着的日子，还是把苹果核砸在朋友后脑上的日子？在我们看它之前，苹果就是苹果，在我们看它之后，它就成了我们自己特有版本的苹果。

这就是为什么我们会有不同的口味、风格和偏好。这就是为什么我们看不懂朋友怎么会被其配偶迷住。这些不同的层次都由我们的记忆提供。我们已经知道了自己喜欢什么，不喜欢什么。我们发展出了一种对待事物的态度，而且可能一生不变。

大脑时刻都处在忙碌的状态中，忙于在过去寻找现在发生的情况与过去发生过的情况之间的关系。然后，它利用所发现的关联，预测接下来会发生的事情。如果大脑在当前事件与过去事件之间找到了被解读为负面的关系，它就会设想出你将遭遇的负面后果。为了让你避免遭遇到这种情况，它会激发出一种戒备反应，从你手里接过对行为的控制权，并采用可预测的、以帮助为目的的行为（基本上，是以攻击、回避或者呆立为主题的各种变形），即便实际情况并非完全如此。

在面临威胁的情况下，大脑拥有我称之为"戒备机制"的处置手段。只要大脑发现明显的危险情况，就会做出三种反应中的一种。你会准备好战斗、逃跑或者呆立。为了让我们做出这些事情，相应的激素被释放出来让血压升高，所以你很可能会颤抖；呼吸加快，将更多的氧气导入肌肉里，所以喘息的频率更快；体温上升，因为肌肉在暖和的状态下会更加高效（所以你会流汗）；血液被从胃部引出，把更多的氧气输送到肌肉里，方便你搏击或者逃跑——因而你的胃会有一种感觉，就跟我们平常在家里说的肚子疼的情况差不多。最后，如果危险太大，血液还会被导入我们的大脑中处理更高水平的思考和谋划的部分。这是因为我们的戒备机制主要以解决想要吞噬我们的那些问题为目标，而思考会降低我们的反应速度。结果就是，我们有了一句很可能千真万确的格言：**强烈的情感让我们变成笨蛋**。

从另一方面看，如果大脑把当前的状况连接到过去的一个正面事件上，它就会预测出一个愉快的未来，并且打开另一种机制——奖励机制——的开关。这种情况下，大脑里会释放出多巴胺，产生一种美好的感觉，促使你去寻找更多这种情况。

用简单的术语来说，上述两种表现是时刻为我们的生命确定方向、提供动力的两个化学系统。在理想的情况下，我们过着一种纯粹成长的生活——茁壮成长、得到鼓励、沐浴在慈爱之中，而且会得到人们的支持。我们年轻的大脑会以预期更多美好事情即将到来的方式解读发生在我们身上的一切。没有什么情况会威胁到我们，或者让我们感觉到不安全。这就是多巴胺天堂。谁能告诉我刚才我所描绘的是谁的生活？没错，世界上没有这样的人存在。

如果我们够幸运，得到的会是一个混合体。好事发生在我们身上，坏事发生在我们身上，另外还有很多说不上是好还是坏的事发生在我们身上。总体的情况是，好的事情会得到强化和巩固，所以我们成长过程中会被激励去做那些习得的、擅长的事情，而发生在我们身上的坏事赋予了我们一些健康的戒备反应，让我们远离那些真正的坏东西。但是，就算你是这样的幸运儿，你的大脑仍然会做出错误的理解，或者得出错误的结论。

不管其根源在哪里，我们的编程过程中都会存在一些这样那样的程序错误：有些是因为比我们年长的人把垃圾当成真理灌输给了我们，比如在我成长的过程中，我母亲告诉我，我身上所有她不喜欢的行为都是违法的；有些错误来自我们对发生在自己身上或周围的事情的错误解读。请时刻牢记，如果你已经为人父母，有时候你就是把那些导致孩子做出错误判断的东西传授给他们的人。有些情况下，这是因为孩子误解了你所说的话或者所做的事情，有些情况则是因为你公开表达了愤怒、恐惧或者沮丧，或者是因为你把没有分拣的垃圾一股脑儿地传递给了他们。这些误判，有的无关紧要，而有的则会影响孩子的情绪以及他们的生活。麻烦在于，你并不知道哪些是哪些。你认为很重要的事情孩子们根本不当回事，你认为微不足道的事情却会深深地印在他们的脑子里。这就是为什么没有哪个孩子的童年会没有问题，为什么我们作为父母需要丢掉把孩子培养得十全十美的幻想，同时，当我们没能做到的时候也别再自怨自艾。

我们做什么 VS. 我们是谁

我曾经有个客户名叫丽莎，她来找我抱怨，说自己很自卑。首次描述自卑问题的客户一般都这样说："我完全没有信心。"真正完全如此的情况其实是非常罕见的。当我进行询问的时候，问题就变得更加具体、全面了。"有些时候我会缺乏信心"与"我完全没有信心"是两个非常不一样的说法。大脑就会玩这种把戏，把我们做得不好的东西拿出来，放到我们感觉自己想要成为的那个人身上。本应是"有时候我的做法很愚蠢"，结果却是"我很蠢"；"我跟大家没话说"被表述为"我很无趣"。**我们把自己做的事情跟我们的为人混淆了**。我发现，与改变认为自己是怎样的人相比，帮助大家改变对所做事情的认识要容易得多。我们都倾向于认同自己的身份并对其坚信不疑，就算这些信念会让我们非常不开心。

在这个案例里，丽莎的问题始于"我不够好"，进而形成了对保住自己工作的焦虑。经过几轮提问之后，我们的聊天背景收窄到工作中的某些特定时刻："工作中我常常感觉自己比不上周围的人。我知道我懂得的跟他们一样多，但是我无法在会议上做出自己的贡献，或者提出自己独到的见解。"在治疗中，我采用了一种技术，帮助客户回溯自己的往事，找到问题的症结所在。丽莎认识到，问题开始于她大约 8 岁时的学生时期：老师让她站起来回答一个问题。因为她很内向（不喜欢在他人面前表现自己），所以这个要求有一定的挑战性。她热血上涌，脸变得通红，并且变得有些口吃。同学们开始窃窃私语。遗憾的是，这位老师很不称职，他斥责她笨。毫不奇怪，她最终勉强给出的答案错得离谱，这让她的"朋友们"更加幸灾乐祸，老师对她更加鄙视。丽莎哭着跑出了教室。在心理学领域里，我们称这种情况为"重大情感事件"。在消极的情况下，大脑识别出我们身体上或者社交上面临强大的威胁，担心受到排斥成了社交中的常态。在积极的情况下，大脑识别出一个成长的机会，会促使我们去寻找更多的类似体验。这种情况下，通常的结果就是自信心和自尊心不断增强。

　　当"重大情感事件"出现的时候，大脑拍下了一张低分辨率的"照片"，把来自五官的感受都囊括其中。这张照片成为我们的记忆用来与我们之后的经历进行比较的参照物。所以，对于丽莎来说，在这个"重大情感事件"（学校里的偶发事件）首次出现的时刻所呈现出来的任何事情，都会造成与之相关联的后续事件。例如，人们盯着她看、权威人士向她提问，甚至会包括墙壁的颜色。这有点儿像钓鱼扑克游戏。生活中的每个时刻都是一张牌，大脑用其持有的一副"重大情感事件"牌与之进行比较。如果发现有一对，它就会喊出"对子！"如果是一张戒备牌，它就会促使你做出戒备反应。如果是张成长牌（积极的"重大情感事件"），它就会促使你做出成长反应。在丽莎的案例里，所有被发现与最初事件相一致的情况都被看成是一种威胁。大脑对威胁做出的反应是进行戒备，让我们战斗、逃跑或者像丽莎那样，呆立。问题就在于，**当像害怕被认为是愚蠢的人那样的负面情绪驱动我们的行为时，事情的结果往往会向我们极力避免的那个方向发展。**

举个例子，一位有感情破裂史的女士来找我。我们判断她拥有一种信念，总是认为自己不值得被爱。只要陷入一段感情中，她就想着会被拒绝。她对此做出的反应就是表现得过分亲昵、黏人而且妒忌。每一次，她都在想留住对方的努力中把对方吓跑了。另一个例子是有位男士深信自己不够好。为了弥补，他在工作上表现得异乎寻常的努力，由于他对自己的怀疑，他对一切问题都要反复地检查，总是无法按时完成工作，总是犹豫不决，而且管理手下人的时候，也是事无巨细都要亲自过问。他部门的生产力低下，而他也因此失业，这又强化了他认为自己不够好的信念。

我有时候借用"蝴蝶效应"的说法把"重大情感事件"称作"蝴蝶"事件。按照"蝴蝶效应"的说法，亚马孙的一只蝴蝶扇动翅膀，可能会在一个月后导致澳大利亚出现暴风雨。[1]对于复杂如天气或者大脑的这类事情，很小的事情也

---

[1] "蝴蝶效应"一般被阐述为"一只南美洲亚马孙河流域热带雨林中的蝴蝶偶尔扇动几下翅膀，可以在两周以后引起美国得克萨斯州的一场龙卷风"。——编者注

会随着时间的推移而产生放大效应。孩提时代相对很小的事件，也可能成为成年时期真正的重大事件。某种情况发生得越多，大脑就越是相信它会再次发生。

　　在非"重大情感事件"中，大脑会根据后来学到的内容更新早期的决策。例如，我会定期地走进一个坐满了等待我上课的人的房间里，走进去的时候，我体会到了一种激动的感觉，还有幸福。这种情况并不总是真实的。在我最初开始教书的时候，走向教室的途中，我的双腿老是不自觉地发抖。从一开始我就很热爱教书这项工作，但是走进坐满了人的教室，成为众人关注的焦点，对我来说真的是个挑战。在这个问题上，我并不孤独。调查显示，美国人最大的恐惧就是在公众面前讲话，随后才轮到对死亡的恐惧。正如塞恩菲尔德（Seinfeld）所说的，在葬礼上致悼词的人可能宁愿躺在里面的人是自己。我的大脑显然从教室所容纳的事物里制造出了某种有威胁的感觉来。后来，随着我对教书工作习以为常，大脑不再做出同样的反应。为什么我的大脑会更新我的体验，而丽莎的则不会？情况似乎是，当一种体验被标记为"蝴蝶"事件，其目的就是"固定"反馈。大脑宁愿你采取100次同样的错误行动，也不愿对"重大情感事件"呈现出来的危险放弃哪怕一次反应。我对面对大众的最初的担心好像只是内向者的一种自然反应，没有像丽莎的情况那样受到"重大情感事件"的影响，所以我的大脑能够在我放松并获得信心的情况下正面地更新体验的意义。**有时候，就像丽莎的情况一样，我们的过去总是在我们身上重复发生。事情并非必须如此。我们有办法化解掉过去学到的东西。**

　　基督教关于人生而有罪的思想对我们文化的影响非常深远。我们很容易接受这种思想，认为自己与生俱来就存在某种错误的东西。弗洛伊德对事物带有倾向性的说法也无济于事。他认为我们拥有为了表现而不惜争风吃醋，等待着在本我幡然悔悟的时候跳出来做可怕的事情的这种糟糕的潜意识身份，这种想法把生活变成了一场我们内心里永不间断的战斗。下面，我将会提出某种存在着根本性差异的东西。我将要提出的说法是：我们天生就是成长型的。

你需要的只是爱

　　吉尔·博伊恩（Gil Boyne）拥有 50 多年的临床经验，是 20 世纪最著名的催眠治疗师之一。20 世纪 70 年代中期，他治愈了一位患有写作障碍症的年轻演员，西尔维斯特·史泰龙（Sylvester Stallone）。经过几个月的治疗之后，他继续创作出了电影《洛奇》（Rocky）。能够遇到吉尔这样的导师和朋友是我一生的幸运。在他的临床生涯中，他得出了这样的结论：某种程度上，人类似乎在儿童时期普遍形成了"我们没人爱，或者我们不可爱"这样狭隘的信念，并且终生都受到这种信念的折磨。

很多年以来，我一直都不认同他的这个结论。现在，我却发现这个结论很难辩驳了，因为这种情况太常见，它不只出现在我的客户身上，还出现在我日常生活中碰到的很多人身上。

我们的戒备反应已经进化了，可以得心应手地处理我们的祖先面对了数百年的各种威胁。这些威胁以两种主要的方式出现：第一种显而易见，是对我们生命的物理威胁；第二种是对社会福祉的威胁。当我们审视自身的时候，会发现，与围猎我们，或者是我们所围猎的那些动物比起来，我们确实十分渺小。真的，我们本应该是送到它们嘴边的肥肉。拯救我们的是我们拥有的这颗大脑。它给了我们与他人携手合作的能力，从而使围猎变得平等。随着一队队围猎者四处游荡，我们学会了与人相处，结果就是人丁兴旺了起来。我们还知道，不与人相处，把自己限定在自己的部落里，不让别人关心你，就会导致你被孤立，随之而来的是不可避免的死亡。你的价值越高，坐的地方就离温暖的火堆越近，吃到的肉块就越大，拥有的伙伴就越多。社会地位是个很重要的事情。现在依然同样重要。

在刚呱呱坠地的那几个小时里，我们就开始了攀爬如何获得社会认同的这个陡坡，并收获他人的爱。具体来说，围绕在孩子周围的，都是最可能养育和保护他们的人。他们知道了什么样的表现会让养育者高兴，并让滋养源源不断地到来。从很早的时候开始，婴儿就知道在新石器时代没有什么社会服务机构，所以他们变成了卖萌和讨人喜欢的天才。想要成为爱的吸铁石是他们本能地想要做的事情。

孩子们很快就会对自己在社交界的地位变得敏感。他们知道哪些行为会被父母认可，从而得到更多的爱，哪些会造成认可大打折扣，或者被施以惩戒（用孩子简单的思考方式来说，就是没人爱）。孩子会知道，一个行为是好还是坏，取决于这个行为是被奖励还是受惩罚。我们都知道，孩子可能会为了感觉到被爱或者被接受而被引导去做可怕的事情。

后来，这种对接受和爱的寻找继续出现在与同伴的相处过程中。请观察孩子们在一起嬉闹的情景。孩子的嬉闹中可以看出各种确立角色和尊卑秩序的复杂而微妙的暗示。孩子最想避免的情况是被群体拒绝，这就是为什么很多厂家能够如此轻而易举地把孩子的自尊联系到他们所穿衣服的标签上。一定不能犯险去做的事情就是在群体中过于标新立异，因为正如我们已经看到的，在最原始的层级上，与众不同有时候很危险。回到现实中，其他宗族和部落代表着潜在的危险以及对我们资源的争夺。所有的原始部落，从新几内亚的图兰比部落到阿森纳的足球迷，都会通过衣着来让自己与其他群体区分开来。他们创作了自己的歌曲和口号；他们有自己的传统。这种情况与我们的孩子没有太大的不同，而且都是出于同样的理由：在群体内部建立归属感和黏性。在群体内部出现了基于每个群体制定的评价标准而形成的等级结构，过去或许是打猎或者烹饪的技艺，现在，在小孩子群体里……我不太清楚……可能是写作业的速度、墙壁上贾斯汀·比伯海报的数量？对成年人来说也是同样的情况。从婴儿时代起，我们就一直想学会那些能够给我们带来社交奖励（用吉尔的术语来说，是爱）的行为，并避开那些会让我们被拒绝的事情，这些奖励或者拒绝最初就来自我们的父母，然后，来自我们的朋友、同龄人以及同事。

我们会获得我们所期望的未来

假设，你在 5 岁的时候被选中出演学校圣诞剧里的圣诞小精灵。这是你的重要时刻，在老师的督促下，你穿着跳舞的裙装蹦蹦跳跳地走过台阶，来到舞台上。很遗憾，你被最后一级台阶绊了一下，肚皮朝地滑到了舞台的左侧，手中的棍子飞到观众席上。台下的人顿时哄堂大笑，笑得很厉害。现在，这就是一种"两兄弟"时刻。一种可能是你会看到母亲窘迫的脸色，并把它解读为对自己笨拙的批评。在笑声中你感觉很尴尬，你的大脑把这件事情存储为某种在未来应该避免的事情。随后，任何涉及你被别人注视的情况都会与这个"蝴蝶"事件（或者"重大情感事件"）相关联，并预测出将会面临的类似灾难，戒备机制也会被激发——你此后的生活要不遗余力地避免在他人面前表演或者讲话。每一个类似的事件都会被联系到以前的事件上。负面的预期在一次又一次的强化中被不断放大。非常不幸，这就是我的客户做出的解读。但这并不是她唯一能做的事情。另外一种可能的情况是：她滑倒之后，看到大家在笑，并把这种笑声解读为被认可。记忆就被储存为正面的"蝴蝶"事件。从此以后，在预测到讲话机会时，她的大脑就会把这种情况联系到最初的正面"蝴蝶"事件上——联系到被认可的感觉上。随后的每一次正面体验都强化了前面的记忆。这种不断变长的联系链条形成了不断增强的关于类似情形的信心。她成长为一个喜欢面对观众讲话的人。**成功孕育对成功的期待，就像失败孕育更多的失败一样。**

自信的总体水平基本上是生活中对自己能力（以及他人认同）有正面感觉情况与有负面感觉情况的多少之间的一种平衡。我们大多会遇到一些丧失自信的情况，这种情况有的人会遇到得更多一些。在这种被抛弃的时刻，有些人会苛责自己，有些人则会更为宽容。

在上面描述的每一个单独的片段中，都包含着成千上万个小规模的版本。与源起相对应的每个后续事件，都会以某种更小或者更大的方式，潜在地强化反应，增加背景的变化或者抑制这种反应。我听过很多客户的生活故事，全都是相似的事故导致对考试、面对公众演讲以及出丑的恐惧，这个名单还可以无限地开列下去，但都可以联系到一个单纯的组织动机——对得不到别人认同的恐惧，或者用吉尔的话说，对别人把他们的爱收回去的恐惧。最终，一个小小的原因就会让自卑驻留在某些人的心中。

这种情况也并不总是单独的事件。最为常见的情况，是我们偶然从父母处听到的话语对我们的无意识渗透：我们做得不够好；我们没有达到他们期望的标准；我们不是他们想要的那个孩子，我们让他们失望。有时候，这是我们的误读；有时候，这是他们个人不幸的结果。他们就是无法把这样的话语深埋在心里，而是在无意中透露给了我们，很可悲的是，有时候又被我们传递给了自己的孩子。

研究证实，如果童年时孩子的妈妈没有通过抚触和关爱给她创造出安全的依恋，那当她做母亲时，就很难给自己的新生宝宝提供一个安全的生长环境。我常常从客户身上看到这种不喜欢自己的不幸感像一件不受欢迎的传家宝一样一代代传下来的情况。源头在很久以前就已经遗失，留下的家人似乎都从骨子里不快乐。我认为其实他们并不是真的这样，他们只是把从父母以及父母的父母身上无意中遗留的那些东西当真了。这是可以改变的。如果你的家庭有类似的情况，那你可以成为终结这一切的那一代人。

解读发生在我们身上的事情，会对我们的生命之路产

生深远的影响——这些解读很大程度上是无意识的。好消息
是，这意味着我们所经历的这个世界并不是真实的那个世
界，而是一个你自己臆想出来的世界，这也就意味着你完全
可以改变它。

因为，因为，因为……

孩子通常会因为对事情发生原因的误判而犯错误，他们
的大脑一直在寻找理由：

- 因为父亲下班后带着疲惫回家，厉声斥责他们做错了作
业题，由此他们得出结论，自己一定很笨。甚至更为严
重的是，他们还得出结论，父亲不爱他们。
- 因为母亲忙于照顾刚出生的小妹妹，花在他们身上的时
间似乎不如以前那样多，除非自己生病了。故意做错
事情便成了引起关注的一种手段。
- 因为父母正在经历一个艰难时期，父母对他们发火、
训斥他们的情况比以前多了。孩子竭尽全力取悦父母。
在父母离婚的时候，孩子非常自责。在孩子成长的过
程中，孩子会继续取悦他人，期盼不再有什么不好的
事情发生。孩子为所有人的幸福担负起了责任。

上面这些由孩子得出结论的例子，生活中要想一个都没

有是不可能的。其他孩子可能会赋予这些情况完全不同的意义。问题在于，哪个孩子会得出什么结论，你永远也不可能完全了解。你也不可能随时随地指导他们得出正确的结论。这就是为什么我会反复说，作为父母，如果能抛开在培养孩子的过程中不发生任何问题的想法，会对你很有帮助。他们对那些发生在自己身上的事情会有什么样的感觉，你永远都不可能知道，而且也无法控制——你不可能面面俱到。

年轻的大脑按照编好的程序去寻求理由，认为世上的一切都跟自己有关，可能得出令人惊讶的错误结论。

育儿小贴士：找出因果错误

如果孩子讲出某些表明他们在考虑或者试图保护自己的话，像"我真笨""我永远也不能……""谁都不喜欢我"或者"我不能……"，请轻轻地问一句："为什么这样想？"这样通常就能够揭示出影响他们话语的深层原因。一旦认识到这个问题，你就能从本书找到帮助你"排除"这个错误的办法。

我们拥有了解自己所爱的人不同方法

我们经常会听到夫妻间相互抱怨，"你不做某件事就意味着你根本不爱我"或者"我知道她不在乎我了，因为她不再像过去那样拥抱我 / 向我倾诉 / 看我"。在我写的《爱情鸟》（*Lovebirds*）一书里，我花了很多篇幅在介绍让我们每个人被爱的各种方法上。我主要讨论了各种等式，A（具体行为）=B（爱）。关键在于，你所拥有的爱的等式可能跟你另一半或者孩子们的并不一样。可能你对他们做了所有自认为是在表达爱的事情，但是他们仍然感受不到你的爱。同样地，孩子们会通过自己的行为（甚至是糟糕的行为），尽其所能从你那里发现你关心他们的证据，而你可能会完全忽视或者误读他们的这些信号。在我为那些吸烟或者想减肥的客户治疗时，通常会注意到一个有趣的现象：香烟，或者某种食品，代表一种情感符号，比如巧克力＝爱、陪伴、安慰或者叛逆。举个例子，有多少父母会通过给孩子糖果来奖励他们的良好表现？一段时间之后，糖果就成了来自父母的爱或者认可的表达。20 年后，进入职场的你在遭到大声训斥的糟糕日子里，潜意识里有没有想要一块糖果，尝试着让自己的感觉变得好一点儿？

> **育儿小贴士：想想你用什么奖励孩子**
>
> ----------------------------------
>
> 用行动或者你的时间和注意力来奖励孩子，不要用糖果或者玩具这样的东西。

都是一样的，但是有区别

孩子将会遇到很多以前没有经历过的事情，而他们的大脑可能会错误地解读这些事件。任何类型的第一次都可能出现这种情况。如果你发现，每次经历新事物孩子都因为认知缺失而不知所措，他们年轻的大脑会进入戒备状态，那你就该准备好给他们提供相应的指引，让他们知道能够从中得出什么样的最佳"成长"结论。除了恐惧，第一天上学还可能会变成失去母亲，甚至被母亲抛弃的记忆。从另一个角度看，也可以成为结交新朋友，并且找到快乐的机会。我从刚做父母的人身上以及他们对孩子摔跤的反应上清楚地看到了这样的情况。通常，孩子被突如其来的摔倒吓得不知所措，两眼圆睁看向父母。如果看到父母恐惧或者失声惊叫，通常就会触发孩子做出哭喊的反应。几次类似经历之后，这就不再是"新的"经历，而是构成等式的经历了。我们需要避免来自跌倒的感觉，否则就会疼痛，或者造成父母的失声惊叫。孩子会变得要么害怕"疼痛"，要么害怕导致疼痛的事件。蝴蝶向规避风险和对不好的感觉过度敏感飞去的旅程开始了。

育儿小贴士：创造成长体验

当孩子初次体验某种东西的时候，请多加留意。如果他们小心翼翼，或者迟疑不决，尽量不要对他们的这种反应指手画脚。避免某些用语，比如"不要成为一个长不大的婴儿 / 笨蛋 / 令人扫兴的人"。考虑这些问题："我希望他们从中学到什么？""我能够让他们在哪些方面感觉良好？""我能说的最能激励他们的话语是什么？"关注于对品质（比如决心）的表扬，不要太注重实际的成就。

例如，某天我看到儿媳塔拉在陪希思玩，小家伙第一次探索攀爬架。他很迟疑。她没有给他的这种表现贴上负面的标签，反而说："你会很认真很小心地去爬吗？这是个好主意，你终究会熟悉它的。好孩子，不要慌张，如果可以，每次爬一根绳子就好……

> 对，就是这样。"他所做的一切，包括选择不再往上
> 爬，都得到了正面的肯定："现在这里足够高了吧？
> 很好。爬到这里就很了不起了。"没有任何失败的暗
> 示，只有成就。那天下午，他就完全征服了这个攀爬
> 架，不再有丝毫的担心。

当菲利普·拉金（Philip Larkin）写下：

> 他们让你如此糟糕，你的父亲和母亲。

很大程度上，他所讲的是这些因果及其在各种场景中的误
读，随着时间的推移而累积，甚至经历了几代人之久。那些
没有从父母那里接收到被爱和被珍视信号的孩子，通常会成
长为这样的父母：要么自己也不发出这些信号，要么发出的
信号会把自己的自卑和无助投射到孩子心里。我记得来找我
的人中有这样一位母亲，她在自己父母离婚后总是感觉自己
的父亲令人失望。她会在母亲家里的窗子后面一坐就是几个
小时，等着父亲的车子开来看她，而结果通常都让她失望。
通过对这种体验的因果关系的反复思考，她意识到，她对自
己孩子身上发生的任何令人激动的情况做出的默认反应都

是："不要太高兴，这种情况大概是不会发生的。"负面的思想在一代代地传承着，就像一件没人要的传家宝。

可塑的奇妙之处

科学研究已经证明，我们的大脑是可塑的。你只需要认真观察中风病人，就能得到明确的证据：他们的大脑会自己重新排列，能够绕开损坏的部分，以便把失去的能力重新找回来。我相信，这种可塑性同样适用于我们对自我的认知。**我们没有被困在做自己上**。我们的自我认知不是一成不变的，它是大脑编写出来指引我们安全（要是不能总是幸福的话）地过完一生的故事中的一个角色。一旦我们意识到这一点，就可以变成自己故事的作者，并把这些故事变成一首壮丽的史诗。那就让我们教会孩子怎样从小就掌握如何叙述关于自己的故事吧！

第二章

我们文化中的那些毒素

错把获取当成长

　　我们生活在人类历史上最富足的年代，然而，在西方文化圈，抑郁症已经成为一种流行病。在英国，按照国家统计局的说法，6000万人口中有10%的人随时都处于抑郁中。我认为，我们的消费文化强调对"物质"的追求是应该遭到谴责的。我们绝大多数人有足够的食物和住所，让我们可以无忧地生活。我们都坚守住了为自己或者别人为我们设定的期望了吗？这些是我们应当反思的问题。我们如何去获得答案？通常就靠那些被我们认为是成功的标志的符号，诸如房子、汽车、衣服和名牌。我们都在零售产业的诱导下，深信某些产品能以某种方式向他人表达出我们的身份地位。如何能够让周围的人看到我们最好的一面？通过获取那些略胜他人一筹的标志？从有能力伸出双手的那一刻起，我们就被别人左右我们选择的企图所影响。这些企图正变得更加明显，几乎不可能被忽视或回避。当那些公司利用我们那脆弱卑微的灵魂，去追求更高的利润的时候，他们会给我们的自尊带来巨大的伤害，把我们变成在对身份地位永无止境的追求中牺牲幸福的人。

广　告

曾经有这么一个时期，像鞋子这类产品的广告，通常关注于它的制作质量以及使用寿命。现在，则更多地强调，在它们存在于市场上的这3个月时间里，穿上它们会让你变得有多酷，之后它们就将被淘汰，正好给下一季色彩纷呈的商品让路。要说由哪一个人来为这种变化负责有点儿夸张，但也不是毫无道理。在伍德罗·威尔逊（Woodrow Wilson）把美国公众的意见转变为支持干预第一次世界大战的那场运动之后，爱德华·伯奈斯（Edward Bernays）对宣传的影响力的兴趣日渐浓厚了起来。他对如何能够控制公众的做法颇感兴趣，并且开始思考，在和平时期，这种把戏还能不能奏效。伯奈斯发明了公共关系这个术语，简称就是PR，并把它如何影响舆论的技术称为公共关系学（engineering of consent）。一个成功的案例是他为烟草行业所做的努力——

让社会接受妇女在公共场合吸烟这种行为。今天这个"成就"可能让我们所有人都后悔不已。1929年，伯奈斯在纽约市导演了复活节游行，他让手拿点燃香烟的模特摆出"自由女神手擎火炬"的姿势。后来妇女肺癌患病比例的上升指数，成为妇女解放的一个指标。

他的思想传播迅速。1952年，两位伯奈斯的同辈应食品公司通用磨坊的邀请，帮助推广他们的新发明——方便蛋糕粉。这款蛋糕粉确实方便，但女士们就是不买账。他们提出的解决方案就是从配方中剔除蛋粉，让厨师自己去添加。理由是什么呢？他们认为这种做法会让女士们感觉蛋糕还是她们在制作。科学已经很明确地证明，我们并不是一种真正讲逻辑的生物，实际上我们的情感控制着我们大多数的决策。这就是个例子。从逻辑上讲，对一种以减少劳动和时间为目的的设计来说，增加它的复杂性是没有道理的，但是，从情感上来说，加入鸡蛋并搅拌混合液，给了我们一种更强烈的创造某种东西的感觉。在20世纪50年代，对于很多人来说，妻子的价值体现在她的厨艺上。这既是伯奈斯的天才贡献，也是他留下的恐怖遗产。他意识到，为了让他人对自己产生更好的感觉，人是可以被诱导购物的。遗憾的是，出于我上面所述的这些理由，我们谁也不可能在儿童时期让自己的价值观一尘不染。我们的大脑在探寻增强它在我们深爱的人以及邻居眼中重要性的各种方法。与其他人相比，我们不算十分优秀，这种潜在的感觉让我们像是等待被摘的熟透的水果。结果就是一种由购物疗法产业滋养的消费主义文化的兴起，这个产业承诺如果我们穿上他们的产品会感觉更"值得"被爱。悲哀的是，它也可以意味着，如果我们的孩子穿着当下"流行的"名牌，坐在"对的"儿童推车里，我们开着"最好的"车子到学校门口去接他们，那我们做父母的感觉就会更好。

我有这么一位客户，来诊所时患有慢性应激症。让他倍感压力的是他买不起他驾驶的那个牌子的汽车的最新款型号。他现在的汽车还只开了一年。"这两款车不同之处是什么？"我问他。"嗯，大灯的形状不同……"然后，他的声音越来越小。显然，其实不是车的问题，而是他把车开进自己供职的那家金融服务公司的停车场时的问题。或者，更加准确的说法是，他不得不把车停到那些年轻且拉风的同事的新车旁边时的问题。就跟常见的情况一样，他的大脑会把他与"部落"里的其他人进行比较，计算出如何能够让他最靠近火堆（或者在这种情况下，靠近职业阶梯的下一个位置）。新石器时代的遗产给我们留下了心灵扫描器，能计算出在与那些被我们视为部落成员的人交流时我们表现得怎么样，而且，在地球村里，这个部落的规模极大地扩展了。

这就需要我们必须使自己被看成是部落的成员，而且被其他成员看好，这使我们更容易被那些精明地把产品跟我们需要被他人接受的情感需求联系起来的人操纵。

如果儿童时代的我们感觉自己从来没有被认可为足够优秀的孩子，我们在消费支出上就可能会变得没有底线。这通常会让我们深陷于那些自己并不喜欢的工作，因为要购买那些我们认为别人觉得很好而自己却不认为有那么好的东西。这就是培养我们成长的文化，也是很多人培养自己孩子成长的文化。这是会对每一个我们可能会失去自己地位的想法和暗示做出戒备反应的文化。此刻，**我们错把获取当作了成长**。

从父母的角度说，让孩子以这种方式来定义"成功"，是造成他们一生中无穷无尽的磨难的原因。那些名牌一旦买回家里，就不像广告上所承诺的那么光彩照人了。

对于现在的父母来说，要想不让孩子穿戴着学校门口那些妈妈喜欢的各种商标，拒绝把他们的手机更换成朋友已经拿到的最新版本，或者不精心呵护他们，让他们获得生活中"最好的起点"，需要付出极大的勇气。但是，从我在诊室里观察到的情况来看，如果你能让孩子养成超越所拥有的物质去看待人类和自然的价值，以自己认为有意义的各种方式去追求挑战自己的乐趣，并且避免迫使他们成为你的翻版，一段时间后，你真的能够坦然、幸福地看着他们创造属于自己的生活，根本用不着拨打治疗师的热线电话。

> ### 育儿小贴士：大自然会滋养出最好的孩子
>
> --
>
> 　　这需要勇气。只要有可能，尽量少让孩子接触广告，比如，不要看电视直播。现在有一个叫作"让孩子重回自然（Rewild the Child）"的运动。孩子与大自然的接触越多，他们被广告洗脑的情况就会越少。

　　就算我们的社会培养皿里来自广告产业的毒素不够多，仍然还会有其他媒介来填满它……

不要不加选择地阅读

　　我祖母是杰出一代的一分子。她出生于 1915 年，飞机刚刚出现的时候她就已经出生，当人类抵达月球的时候，她仍然还在世。她一辈子的生活圈子直径不超过 20 千米，但是她从足迹遍布全世界的孩子们那里听到了各个地方发生的故事。她不再从父亲读给她听的报纸上了解世界上发生的大事，而几乎全从一个实时的 24 小时新闻频道上去了解。

　　如果我们返回到她的祖母那个年代，看到的可能是一个新闻传播速度慢很多的世界。在 19 世纪 30 年代发明电报之前，新闻传播的速度就是最快的马、鸽子或者轮船的速度。特拉法尔加战役（Battle of Trafalgar）于 1805 年 10 月 21 日在西班牙沿海开打，伦敦的群众在 11 月 6 日才听到这个消息。得克萨斯的阿拉莫要塞（Alamo）在 1836 年 3 月 6 日被攻陷，伦敦《泰晤士报》5 月 17 日才刊登这条消息。这样一个很受局限的新闻系统的最大好处在于人们听到的坏消息要少得多。对于他们来说，这却是一个非常好的消息。

研究显示，我们的思维对坏消息的关注尤为敏锐。苏黎世大学心理学家进行的一项研究发现，在拿到健康报告时，人们觉得提示出存在某种风险的报告要比没有发现任何问题的报告更加可信。我们更相信那些告诉我们有不正常情况的信息，而不是那些表明周围环境正常的信息。如果我们跑到远祖那里去找原因，就一切都明白了。我们的大脑总是在探寻潜在的威胁，因为在那个古老的年代，能置我们于死地的事情实在太多了。在任何环境里，我们的潜意识必须回答的第一个问题都是："我容易遭到攻击吗？"邻居从某个悬崖坠落被淹死的消息，警告你要万分小心。邻居生活平顺，却不会是一个让你围着篝火活蹦乱跳的故事。

按照这个思路，媒体疯狂地关注各种负面事情的原因就好理解了。我曾经认为，这是统治者阴谋的一部分，如果大家关注的焦点集中在世界各地的各种威胁上，我们就会觉得自己更需要得到统治者的保护。尽管我仍对这种想法将信将疑，但是已经不再深信不疑这是最重要的原因了。丹尼尔·加德纳（Daniel Gardner）用《恐惧的科学》（*The Science of Fear*）让我看到了存在着这样的可能性：记者也是人类而已。他们写大家喜欢看的东西，因为他们自己也喜欢。当他们要寻找有可能上头条的新闻时，大脑最先挑选的也是那些坏消息。

开始时曾经作为一种优势出现的顺应能力现在已然变成了缺陷。如果我们接收到的坏消息仅局限于我们生活中接触的那一小部分人和我们生活的那一小块地方，那么，我们每天收到的负面消息是可控的，而且是有用的。现在，有了 24 小时滚动播出的新闻以及互联网，我们被来自世界各地的各种坏消息给包围了。在写作本书的最近这些日子里，我一直遭受着各种画面的狂轰滥炸——袭击纽约的桑迪飓风；英国一家主要的电器零售企业将要破产；英国的白蜡树面临灭绝的潜在风险；吉米·萨维尔骇人听闻的行为；还有切尔西败给了曼联。面对这样无休无止的负面新闻浪潮，我的大脑会怎么做？最可能的情况是进入先辈的习惯，开始释放肾上腺素，让我做好逃跑、战斗或者呆立的准备。针对这种情况，我们最喜欢用的词是"压力"，这是一种比恐慌症发作更低水平的威胁应对准备，但是我们大多数人都很熟悉这种情况。问题是，肾上腺素只是一种应对紧急状况的化学物质。它的目的是促使我们逃离危险（或者灭掉危险源），完成之后，我们可以在随后的时间里好好休息，在某个安全的地方睡上一觉。现在，我们吃早饭时从电视上看到的混乱状况可能比穴居人一年中看到的都要多。持续太长时间的肾上腺素分泌会对人体产生毒性。这种新闻，会让我们害怕自己和家人的安全受到威胁，从而出现肾上腺素低水平释放的情况，为了尽量把这些毒素从我们的体内排出，我们的免疫系统会被破坏，这意味着我们的身体对各种疾病打开了大门，其中就包括抑郁。

如此这般暴露在坏消息里，让我们的大脑相信我们生活在一个危机四伏的世界，需要进入戒备状态。这些坏消息扼杀了我们对成长的自然追求。在治愈之路上，关闭新闻频道、取消报纸订阅是一个很好的开端。

看新闻、读报纸可能会降低我们思考的能力，因为我们在不知不觉间被灌输了媒体大亨们的世界观。我们看什么和读什么都由他们决定。这些媒介还会把各种情况打包成简单的片段，把错误的认知带入我们的思维，这些片段很有诱导性但是通常又过分简单：X 造成银行危机，Y 应该为 Z 灾难而遭到谴责……避开这些新闻，也让你的孩子远离它。让关注负面新闻成为你日常生活的一部分就像把剑齿虎当宠物养。

> **育儿小贴士：让孩子看到一个成长的世界，而不是一个戒备的世界**
>
> ··
>
> 　　精心挑选你想让孩子看到的发生在世界各地的事情。这不是剥夺他们的权利，只是让他们尽可能少地暴露在那些他们还掌控不了的问题之中。突出展示人们成功战胜错误、满怀激情、勇敢、寻找新世界的正能量故事。跟他们一起看，把这些主题作为在学校里交谈的素材。

　　接下来是我们为娱乐而选择的内容……

洗不干净的肥皂

　　我儿童时代的电视肥皂剧是很文雅的东西。在很长一段时间里，观看《加冕街》（*Coronation Street*）就像在晚上穿上了一双舒适的拖鞋，大部分时间里都是在看日常生活中的各种麻烦事，在整个社区的共同努力下，在数集之内得以解决。我很怀疑，在30岁以下的人群里，会有人把我刚才的描述与他们现在了解的那个"科瑞"联系起来吗？在过去25

年间，英国的肥皂剧已然成为培养下面这些思想的温床：会哭的孩子有奶吃、一切都得讲究戏剧冲突，以及你想要的总要胜过别人的需要。

我认为，英国人的生活越来越多地反映出了那种所谓的"艺术"。在大家的助推下，把我们的世界打造成了《东区人》（EastEnders）的一个版本。在大家的共同努力下，我们的现实社会变成了《老大哥》（Big Brother）中的场景。对错误行为的颂扬随处可见。没有才能、不用努力或者莫名其妙地走红成为很多年轻人趋之若鹜的事业，虽然这样的名气最微不足道。问题在于，这种情况会推高人们的防备心理水平。它加重了我们身体里的肾上腺素负担。鼓励后代寻求纷争，为分离和仇视欢呼，不仅会增加他们成年后焦虑和抑郁的可能性，还会让他们的大脑习惯用这样的方式去解读世界。

说到真人秀，它们很少关注有抱负的事情。《老大哥》更像是一群博人眼球的怪人。观众被邀请去庆祝的是放弃而不是坚韧。《X音素》（X Factor）诱导年轻人成名是一种职业选择，而才能并不是必要的先决条件。如今，看电视已经不再是一种健康的习惯了。

育儿小贴士：观看前先思考一下

你知道我要说的是什么，不要看肥皂剧。不要看电视"真人秀"节目。一定要给他们看那些聚焦勇于面对挑战的人，而不是那些聚焦挑战者优势的节目。不要看那些会让他们对其中的戏剧性信以为真的节目。展示那些为自己的成就刻苦努力，而不是把成功看成一项权利的人。教给他们擅长于某件事需要付出的代价。

迄今为止的故事

物种之旅已经让我们从培养皿中的一个单细胞变成了一个可以在镜子前孤芳自赏的人，喜欢或是不喜欢镜子中的自己，只是我们对自己身上所发生的事情的一种认知，而且通常源于我们努力累积了多少社会认可的成功标志。我们被困在自己大脑创造出来的现实世界里，却毫不自知。

现在，你应该已经意识到，我们可以开始做点儿什么来让**你**成为自我的创造者，然后，再教会你的孩子也做同样的事情。

第二部分

——

成长为更好的"你"

既然已经弄清楚了我们是如何成为现在的自己的，那么我将给你一些能够改变当前这种情况的工具。我不是说改变会轻而易举地发生，而是说它是有可能的。我当然希望你来到我的诊室里，坐在我对面，但真那样的话会让事情变得有点儿棘手，所以，在没有办法直接给你进行治疗的情况下，我将帮助你学会自己给自己治疗。

　　我把想要教给你的内容分成了三堂课。在课程进行的过程中，我会逐渐引入一些问题，让你在感觉到压力或者遭遇挑战的情况下可以自我思考。我希望这些问题你能烂熟于心，成为你的一种心理习惯，一种面对特定局面时的条件反射。这需要不断地进行练习。我也会引入一些练习题，我称之为"解决问题"。我已经有足够的证据证明，它们能提供巨大的帮助，让你不再像一只无头苍蝇一样乱窜又不能解决任何问题。付出必有回报。不要只是读一遍就幻想着奇迹出现。在你让它发生之前，什么都不会发生。这正好是我第一堂课要讲的核心内容。

第一课

成为内控型的人

你能控制的是你的内心而不是外部的事件。意识到这一点，你就会获得力量。

——马可·奥勒留（Marcus Aurelius）

我把自己一生中的大量时间花在等待别人慧眼识珠上。冥冥之中，我知道自己注定要做些伟大的事情，所以，当下在做什么并没有真正的关系。到某个时点，世界会意识到缺失了什么，并把我提升到该有的位置上。毫不奇怪，亚瑟王的故事是我在孩提时代最喜欢的，《黑客帝国》是我长大成人后最喜欢的电影。我一直期盼着梅林（Merlin）或者墨菲斯（Morpheus）现身。但他们一直没有出现。

这就是外控型的人（External Locus of Control，ELOC）最明显的性格特征。这种类型的人认为，我们的生命由外部的事物塑造，世界有能力"让我们"感知事物。这种信念影响我们的方法有很多种，大小兼有。有多少人在憧憬着如果自己中了彩票要干什么？有多少人在想，如果不是被自己的教养、合作伙伴、家人或者单纯的运气不好所耽误，他们的生活会有什么样的不同？你们中有多少人一直干坐着，盼望发生点儿什么事来改善自己的处境，或者甚至想与上帝或者老天协商一下，如果事情朝着某种特定的方向发展，你愿意做什么事情来作为回报。朋友，所有这些都是外控型人的表现。

坐等骑兵跨越山头，最终总是你的头皮被生活割走。

内控型（ILOC）就是本书追求的大目标。ILOC 是内控型（Internal Locus of Control）的英文缩写，也是一种思维模式，拥有这种思维模式的人会主动为发生的事情负责。这就是为什么有的人会说"某事应该有人做"，而有的人则会说"这件事我去做"。内控型的人不会由于别人的行为或者世界抛给他们的状况而经历一个糟糕的日子。不是说老板对他们大喊大叫，或者另一半的离开，不会对他们造成任何影响，而是他们会选择坦然接受这个结果。内控型心态能让你稳坐在驾驶座上把握住方向盘。没有人能够剥夺你的权利，只有你自己才可以做出放弃的决定。

社会倾向于培养外控型的世界观。它会让我们在自己之外的地方寻找解决问题的办法——当然，总是需要付出某种代价。自从第二次世界大战以来，社会思潮的重心就在逐渐从先辈的独立和坚韧向社会所期盼的"从摇篮到坟墓"的优厚社会福利，以及狂热的消费主义的方向转移。

如何养成内控型的人

> 光是知道还不够，还必须去使用。光有意愿还不够，还必须去做。
>
> ——李小龙

想象一下这样的情形：你正与朋友攀爬高高的安第斯山，却摔坏了腿。在把你从山崖上放下来的过程中，你的朋友必须得割断绳子让你掉落下去，才能救他自己一命。你没有死，而是跌入一条深不见底的裂谷中，你根本没有任何爬出去的机会。这个时候，你会做什么？你躺在一块窄窄的突出来的岩石上，没有救兵。由于腿断了，你无法攀爬。我猜想，大部分人应该会拼命地高声喊救命，直到自己气绝而亡。乔·辛普森正好就处于这样的境遇中。他的做法是自己往下爬。在一条看不到底的裂谷里，进入得越深，就越黑暗。他沿着唯一能够前行的方向爬行。不是因为这个方向有脱身的机会，而是因为这是他能够采取的唯一选择。这就是内控型的人。在这个案例里，好运气总是青睐有准备的人。

他最终真的爬出了裂谷。他只需要在没有食物、饮用水很少的情况下，从当时他所在的位置再艰难地爬行几千米。这段路程花了三天时间。他正好赶在朋友收拾好行李准备离开的时候到达了大本营。这就是坚韧不拔。

专注于结果

　　来到我诊室的很多人都带着定义模糊但是感受很明确的说法，他们被"困住"了。作为困扰他们的一个标签，这个说法出现的频率高到了令人惊讶的程度。随着故事一步步展开，他们总是陷入重复做很多对自己没有好处的事情的怪圈。爱因斯坦说过，疯狂的定义就是一遍又一遍地反复做同样的事情，并期望会有不同的结果。我从那些反复经历糟糕的感情或者工作的人身上也看到了这样的情况，他们所经历的一切都进入了一个死循环，要么总是以同样的沮丧告终，要么干脆根本就没有结果。尽管我们不甘于现状，却总是觉得束手无策，给自己的无所作为找出种种借口。要想跳出这个循环，我认为要把"原因"跟"结果"区隔开来。

　　当某人把他的理想告诉你的时候，一般在开始时，他总是豪气冲天。不久之后跟他旧事重提，问他进展如何，你通常会得到下面两种回复中的一种：他要么给你一个结果——已经实现了目标，或者取得了实质性的进展；要么找出种种没能实现目标的原因。结果 VS. 原因。通常，这样的原因说起来有很多，而且也都很有说服力。生活总是要在成功的道路上使使绊子。其实造成这种差异的是应对困难的方式。阅读成功人士的讣告时，我们看到的是一份他们取得的成就的成绩单。你从中不会读到这样的内容，"如果不是孩子拖了他的后腿／如果他的家人对他更加支持／如果经济形势更好一些／如果他没有等了这么久……那么，他早就已经改变了整个世界"。

在任何一段设定了目标的旅程结束的时候，我们要么会得到一个结果，要么会得到一张列满了没有达成理想的原因的清单。命运掌握在自己手中。我学到的一个重大教训就是**采取行动**。这是我的信条，也是在最近 15 年里对我的生活（和个性）改变最大的东西。

采取行动是让你保持继续前进的信条

当你没有选择或者被生活欺骗的时候，如果能学会问问自己："我能做什么？"就会产生行动的可能性。**总会有你能做的事情，比无能为力多一点点的事情。**

自问 1：这种情况下，我能做的事情是什么？

你大概会觉得下面几句话很像静心祷文：

请赋予我心平气和去接受我无法改变的事情；
请赋予我勇气去改变那些我能够改变的事情；
请赋予我智慧去知晓其中的差异。

我喜欢的是这种氛围，而不是"请赋予我"，那属于外控型。我更喜欢下面这个作为信条而不是祷文的版本：

接受那些我无法改变的事情；
有勇气去改变那些我能够改变的事情；
拥有智慧去知晓其中的差异。

我赋予你的，不是心平气和，而是更好地记住我的观点。
把你的生活想象成拥有两个圈的样子。
影响圈包含了那些你能够有所作为的事情。关注圈里全都是你无法直接影响却困扰着你的事情。我们会在关注圈里浪费大量的时间胡思乱想，这往往会让我们的焦虑水平增

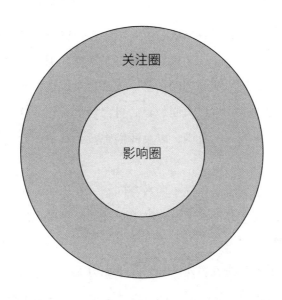

高。训练自己对处于自己影响圈内的事情采取行动，放弃那些处于你关注圈里的事情。这将极大地提高你保持专注的能力。无论什么时候，只要感觉到生活让你觉得无所适从，或者面临具体挑战，就画两个这样的圆圈，把心里的问题填写到这些圈圈里。看看每一个挑战、关切或者忧虑应该归属到哪里。然后，对处于你影响力之内的所有事情竭尽所能去解决。坦然接受那些自己无法发挥影响的事情，把它们先放一放。

　　例如，在我的关注圈里，我会放入全球变暖问题。思考这个问题的后果，以及对我家人未来生活的影响，简直细思极恐。对此我能做什么呢？在我的影响圈里，我会放入我对循环利用的承诺，减少碳排放，采用可持续的生活方式。如果想做得更多一点儿，可以扩展这个圈圈，加入绿色和平组织，参加解决环境问题的活动。我甚至可以进一步扩展，投身政治活动。我可以大胆想象，自己当上首相。这主要是让我们选择影响力的范围，以及我们想投入其中让它最大化的时间和精力。

另一个例子是你孩子的教育问题。在你的关注圈里，你大概会填写过分重视考试成绩不适合你的孩子、周边没有适合的学校，以及他们长大后大学教育的成本。一旦开了头，你对孩子未来的关切列举起来几乎无穷无尽。那么，你能够把什么内容填入影响圈？你可以教会他们你认为重要的事情吗？你能够增加陪伴孩子的时间，并把这些时间花到学习上吗？你能当上校长吗？你能办家庭学校吗？你能为他们的学业做点儿什么准备吗？在回答这些问题的过程中，你们都需要留有不同程度的余地。这很好。关键是要掌控你认为可以解决的那些问题。

这是内控型的核心要义。如果你能搞定某件事情，就放手去干。如果你不能，但是别人可以，就请他们来做。如果没有人能够对此有任何作为，那就接受它，随它去，我们继续前进。这三种都是你可以采取的行动，请不要被动地期盼着有人过来说替你解决问题。

当前途艰险……

自我发展的目的不是让生活的海洋风平浪静，而是让你有能力更好地战胜风浪。因为大风大浪不仅是无法避免的，还是你的成长过程中所必需的。

想象你日常生活中出错的某件事情，一件你认为"糟糕"的事情。或许可以想一件最近发生的事情，向自己提出下面这些问题：

解决问题

· 为什么这个问题与现在的情况有关而与我无关？

· 我解读这种情况的方式是对的吗？

· 糟糕的解读是唯一的可能吗？

· 如果这件事情发生在别人身上，它也会自然而然地对那人具有同样的意义吗？

· 我会害怕其他人因为这种情况而想到我的什么问题？

· 这种情况为什么实际上不可能是真的？

· 我能够从中获得什么？

> · 如果为了让我从中了解到某些至关重要的事情，有
> 件事情一定要发生，那会是什么？

　　我想要你做的是更好地区分下面这两种情况：一种是那些可能（而且应该）会让人痛不欲生的事件，比如失去至亲；另一种是那些人们对它们的反应不具有那么多共性的人生挑战，例如，裁员。我一直都有一些觉得前途渺茫的客户，也有一些总是高兴得手舞足蹈的客户。有时候，经过一次治疗后，他们会变成另外一种情况。像"这里有什么机会？"以及我的核心内控型问题，"**现在，我在这里能做什么？**"这样的询问，会帮助你对其他有意义的可能性持开放态度。我妻子和我常常用一句格言来自我提醒，不要过分焦虑，让自己释然——"解决问题"。让自己专注于对解决方案的探寻上，不要总是沉浸在问题里。

　　这是你经常会忘记去做的事情。没关系，这是人之常情。我们总会遇到几次这样的情况，局势超出了你的控制，而你自然而然会做出外控型的选择。这正好又是你可以学会让自己更好地保持内控型状态的另外一种情况。

　　失败、学习、原谅、重置。再一次从头开始。

没有失败，只有反馈，某种程度上……

　　如果不用担心失败，你在生活中会有什么不一样的做法？我们与失败相处的方式通常决定了自己能够取得的成就。要是你想养成按内控型方式生活的技能，正确处理好这种关系就至关重要。

　　当听到有人说失败不是一个选项的时候，常常会让人禁不住火冒三丈。说的什么混账话。失败一直都是一个选项，事实上通常还是最容易的那个选项。它也是成长的关键成分。李小龙说过，"不犯错误的人永远也做不成任何事情"。对于失败来说，事实也是如此。**你在自己能力所及的边缘学到的东西最多，所以，失败是所有希望成长的人需要解决的问题的重要组成部分。**

　　为什么我把这部分内容的标题写成"**没有失败，只有反馈**"？很高兴你提出了这个问题。这是那些在 NLP（神经语言程序学）培训课上让你耳熟能详的短语中的一个，我借用一下，以便提出一些警示。这不是真实发生在你身上的情况，只是你这样理解了。失败、经常失败、惊心动魄的失败，但是不要用这些失败来贬低自己。从失败中学习。很多来找我的客户都遭遇了生活的重创，感觉自己失败了，害怕再次失败。他们被困在一种没有成就感的生活中（通常这正是他们害怕的那种生活），因为他们太害怕失败会变成他们的代名词：他们是失败者，导致他们失败的是与生俱来的某种缺陷，而不是那些可以避免的错误，也不是环境的压力。我会提醒他们，亚伯拉罕·林肯输掉过 8 场大选，经营倒闭了两家企业。J. K. 罗琳曾经经历过生活中的低潮，她甚至把自己描绘为"她所知道的最大的失败者"。我的工作就是帮助客户从另外的角度看待失败。把它看成成长道路上一个必要的步骤，一个吸取教训并让自己变得更强大的过程。**不存在胜利或者失败，只有胜利和学习。**

对你的孩子来说也是如此。眼睁睁地看着他们失败，陪着他们度过随后的那些艰难时光，是父母所承受的最大痛苦。浑身上下的每个细胞都在呼喊，想为此做点儿什么以便能变得更好一点儿，但你做不到。这令人很痛苦，但也很有必要。你能做的就是让它有意义。

最具创造力的人对失败都有一定的承受力，最具创新精神的企业都不害怕失败。皮克斯公司的文化，是"搞砸它，越快越好。找出错误，让你能更快地解决它"。**害怕失败会阻碍你的成长**，对失败保持好奇心会让你突破当下的思维模式，并且允许你去探索各种新的可能性。

失败只是惯用的说法，"那种办法不行"不是对你作为一个人的裁决。对与孩子相处，以及你对他们采用的解释风格来说，这一点很关键。例如，失败或许与失败出现的环境中的某个因素有关。

　　在已经举办了很多年的认知催眠疗法课程结业典礼上，我们通常会教大家徒手打破一块 1 英寸厚的松木板。这件事看起来好像不可能，但是，如果按步骤来，其实非常简单。一天，在结业典礼之后，我儿子斯图尔特看到我正在从汽车上卸下用剩的松木板，便问我他能不能也打破一块玩玩。当时他大约 17 岁。我们在花园的木栈道上垒起了摆放木板的混凝土砖块。斯图尔特摆出了完美的姿势，从大约 10 岁起，他就已经多次成功地击破了木板，但是，这次却没有成功。这让他很恼火，随即又试了一次，但就是怎么也无法击破。他带着受到伤害的年轻人特有的那种倨傲大踏步地走开了——他把这次遭遇当成了自己人生中的一次失败；从某种程度上说，他的护身符咒丢失了。

　　我走上去尝试了一下，也没能击破。我疑惑了，我已经击破了几百块这样的木板。我对自己的这次失利充满了好奇，如果不是我的问题，那应该是什么问题呢？我换了一块木板，心里想着会不会是因为那块木板太硬。但是，新换上的木板仍然没有被击破。这简直太不可思议了。随后，我脑子里灵光一闪，把砖块搬到走道上。这次，木板很容易就被击破了。再来一块也很轻松。斯图尔特返回来，击破了他今天的第一块木板。其实，他今天的失败与斯图尔特本人没有任何关系，是木栈道的弹性吸收了击打时的作用力。这是环境的问题。

通过回答下面的问题来解决失败，然后，完成下面的三个步骤：

自问 2：这件事如何与作为一个人的我无关？

步骤一：就失败的产生来说，有什么事情可以被看成影响因素吗？

斯图尔特所屈从的是我们在心理学里称之为归因错误（attribute error）的一种情况：我们倾向于高估个人对某种局面的影响力，而低估周边环境的影响力。有一个经典的试验，邀请一组志愿者在篮球场观看两队球员在球场两端的投篮，然后投票选出哪个球队更佳。结果绝大多数的票投给 A 队。替换志愿者后，再做一次同样的试验，后来的这组人还是投给了 A 队。这就奇怪了，因为在替换志愿者的同时，A 队跟 B 队同时也交换了场地。他们做出选择的背后真相是什么？被认为最佳的那支球队所处半场的灯光比另一队的要亮。两支"最佳"球队能够更清楚地看到篮筐，而两组观察者都没有把这个因素纳入自己的决策中。他们只是把投篮准确率简单地归结为个人能力。

步骤二：检查你的行为（不是你，而是你的行为，这个区别很重要）。它们是失败的组成部分吗？

· 你的哪些行为起效了？

· 你的哪些行为没有起效？

· 那些可以用不同方式做的行为你是怎样做的？

· 哪些你本可以或者应该做的行为，你却没有做？

步骤三：检查技能和能力

· 你的技能在哪些方面能够应对挑战——你的哪些方面足够好？

· 你当前的技能还欠缺哪些方面？

· 要提高这些方面你能做什么？

· 你具备什么特质或者能力（比如决心、创造力、热情等）？

· 什么样的特质或者能力应该会对你有所帮助？

· 你如何能够养成这些特质或者能力？

· 谁拥有这些你可以学习的特质或者能力？

经过这三个步骤，你就可以建立一种对失败不悲观的信念，即失败不是个人的（不是因为我）、不是无处不在的（只是在这个环境里，并不存在于我做的所有事情中），也不是永久性的（并不一直都是这样的情况），并且制订一份进步计划，以从中学到的经验教训作为通往更好的前程的跳板。反复历练这种思维模式，改变对失败的看法，而且，通过这样的做法，降低失败出现的可能性。不是说失败发生的频率会减少，而是你不会如此频繁地按这种方式来看待它。

成功是一种习惯

> 是我们的习惯造就了我们。卓越不是一个行为，而是一种习惯。
>
> ——亚里士多德

我们是很多种习惯的集合体，每天都忙碌于大量自己根本没有意识到的行为。从刷牙、穿衣，到开车或者享受一杯咖啡的悠闲时光，我们把一天中大量的时间奉献给了无意识。总体来说，这种情况给我们提供了很多帮助，但是我们通常并没有意识到。我们对生活的某些不满也由习惯性的行为模式造成，包括对食物、批评、练习或者工作方式所做出的反应。很多人在习惯的催眠下四处游荡——我常常把自己作为一名认知催眠治疗师的工作，看成是一个"解除催眠师"，帮助大家从习惯中夺回对局势的控制权。

在你以下面这种方式看待习惯之前，很容易低估它们的力量：

成功是一系列的行为，循环反复。

失败是一系列的行为，循环反复。

这两者都是以同样的方式产生出来的。

想要更快乐地生活，其关键是养成那些能把你带向自己想要的生活的习惯，因为**我们做事的惯性会塑造我们**。你越是像一位内控型的人那样行为处事，大脑就越会通过那样的滤镜来解读你周围的世界，让你的现实生活被那些寻求正面行为的可能性环绕，你也就越可能成为生活在那样的世界里的人。

所以，我要交给你的任务就是，想象你在行为上的一些细微改变，只要你每天都按这些改变行事，这些行为就会帮助你朝着自己希望的方向成长。进一步细化这些行为是一件非常重要的工作。大家总是寻求巨大的、戏剧性的转变，但是，通过微小的推进构建起永恒的势能，改变的可能性要大得多。

例如：

· 我下决心每天做 10 分钟运动。这当然不是很多，但是我发现，如果我能每天坚持做 10 分钟，那么，在很多情况下，我最终会做得更多。在我因为不想跑 10 千米而给自己找借口那些日子里，想着只去跑 10 分钟会让我觉得穿上跑鞋勉强还可以忍受。

· 我下决心每天阅读 10 页让人开心的内容。这种材料找起来很容易，而且要比报纸更好。这样做还让我产生了很多新的想法。
· 我下决心每天吃 5 顿饭，你会在后面看到具体的内容，我还不算是世界上最优秀的蔬菜利用者。

作为父母，你可以：
· 每天花 10 分钟专注在孩子想要做的事情上。
· 为自己花 10 分钟在某件事情上，不受其他事情的干扰。
· 留点儿时间，规划一个家庭项目，让大家都参与进来，并给每个人分配一项任务。
· 每天跟孩子一起做一项体力运动，哪怕只有 10 分钟，作壁上观的不算数。
· 从家庭的角度找些问题出来大家一起讨论。给孩子分派任务，找出某些他们想要讨论的问题。每个人都有机会告诉大家自己感兴趣的事情。

这都是一些很容易做的事情，而且正因为容易反而会被遗漏或者忽视。但是，如果把它们记录下来，并且让它们成为我们日常生活的一个组成部分，你就会慢慢发现自己的变化。你会感觉对自己做出的选择有了更强的掌控感。越来越多地掌控类似这样的具体选择，并将其作为越来越多地掌控生活的一种方式，一种奇妙的级联效应就会产生。这代表了一种态度，它会渗入你的性格中，因为某种事情发生得越多，其再次发生的概率也就越大，请记住这一点。对于那些阻碍我们进步的习惯来说也是如此。因此，我们要把大脑调整到成长的频率，让内控型人格变成为一种习惯。

　　下面是一个顶级的小贴士：如果把一种新的习惯与当前的行为进行捆绑，你坚持的可能性会更大，比如在早晨喝咖啡的时候阅读 10 页书。

育儿小贴士：让他们养成好习惯

　　问问自己，你可以让孩子接受哪些能够构建内控型人格的小习惯？哪些小事情容易做而且能够带给他们很重要的长期利益？想出一些由他们负责的小事，比如练习一项技能，或者对旅行、度假有所贡献。拿足球来说，哪三件小事是他们每天都能练习而且能够明确提高他们的技能的（不能只是"踢 10 分钟足球"）？

种瓜得瓜，种豆得豆

　　我希望你开始养成的日常习惯之一就是每天花几分钟专注于自己的优点。在床边放一个笔记本，回想一下你白天的经历。记录下所有让你觉得骄傲的事情——不是"我今天分离了原子"这样的骄傲（当然，如果你真做了，是有必要骄傲一下），而是你意识到自己属于内控型的人的所有时刻，这种时候你会展示出一种正面的特质或者性格。你为某件事情拍案而起，你做出的慈善行为，你做了某种好事。**种瓜得瓜，种豆得豆**。所以，专注于你的正能量不仅会让这种能量更加强大，它们还将变成你更为普遍的日常行为。我们对自己的认知，大多来自对自己行为的认识，所以，多让优点闪耀将提高你的自信心。每晚只需几分钟，你就能真正地提升自己的自信，并且提高对自己所能达成的成就的信心。为了对你有所帮助，我做了一份音频文件，供你在记录下自己的优点后下载收听。它将会让你做好思想准备，寻找更多的示例，用以创造自己的现实生活。

　　音频下载地址为 www.questinstitute.co.uk/growdownloads。

谁来决定你是谁？

　　从保持我们对选择的掌控权来说，这个棘手的身份认同很关键。我的身份控制着我对待事物的态度，还是由别的什么东西控制？心理学已经证实，环境以及周围人的行为影响着我们的行为方式以及对自己的认知。它的意思是说，比起单一的身份认知，即"你以为我是你见到我时的那个我"，情况往往是"你认为的我只是你在那个地方见到我时的我，或者你跟某人一起见到我时的我"。你们中有多少人会承认，在家里与家人相处时的那个你，非常不同于与朋友相处时的那个你，或者在公司工作中的那个你非常不同于与家人相处时的那个你？我们都有一种自我认识，这种自我认识的易变程度远超自我允许相信的程度。这就让我们很容易受到外界的影响，因为环境触发因素可能促使一个更小版本的你突然劫持你的行为。过去常常发生这样的情况，听到妻子叫我去搭一下房顶就会让我变成一个极度神经质的人，因为我爸爸从来就不是一个很有耐心的好老师，他看到我做事的第一眼就会嘲笑我的 DIY 尝试。在那样的时刻，我以"我"的身份呈现出来的那个人，与你平常看到的我，已经相差了不止十万八千里。

从积极的角度看，多项研究表明，如果大人物表现出对我们信任有加，我们一般就会提升自己的表现，去迎合他们的期望。周边都是具有正能量的人，会让我们感觉自己也是正能量的人。加入一个热爱运动的群体，能够改变我们看待运动的态度。对于如何看待自身这个问题，周边的环境的重要性远远超出了我们通常的认知。我曾经看到过这样的说法：**我们是我们最常与之交往的 5 个人的综合体**。认真想一下这个问题：你周围的 5 个人给你的影响是正面的吗？

　　这可能意味着，我们也会受到那些跟我们有过节的管理者的影响而降低自己的工作效率，我们会在一个拖后腿的伙伴一点一滴的影响下逐渐丧失自信，也会因为与心宽体胖的朋友在一起而变得更加豁达。我从自己身上也发现，在过去被警察文化（及其工作性质）包围的那个我，与现在被一个奇妙的倾向正面的治疗师网络（及其工作性质）环绕的我，差异非常巨大。尽管"自我"会把大部分原因归结为"其本身"，但事实上，我周边的环境为此提供了大部分的动能。

任务

　　对与你待在一起时间最久，或者对你影响最大的 5 个人做一个认真的审视。

· 他们对你的成长或者不必要的戒备的形成有影响吗？

· 他们是帮助你前进还是在拖你的后腿？

　　有时候，我们与朋友难舍难分只是出于忠诚或者念旧，即便他们已经跟我们南辕北辙。在我脱离警队的那段时间，这样的情况层出不穷。最后，我疏远了很多曾经很看重的人，因为他们不支持我走向自己想要的人生，而且我为这种情况找到了排泄口来释放它们的能量。不要害怕忘记故人。如果你处于成长之中，你会有大量需要交往的新人，他们会助力你实现自己的远大抱负。

　　如果你在努力变成内控型的人，追求一种成长型的生活，你会发现自己与很多群体间存在着大量的矛盾。很多人，包括你的朋友们，都可能因为你突破"循规蹈矩"的安全区而感觉自己受到威胁。他们可能会对你做出负面的回应。在帮助自己在面对他人的批评或者反对的威胁下保持成长的过程中，我找到了一个对我非常有帮助的问题，它就是：

> **自问3：是什么问题让他们觉得需要让我感觉很糟糕？**

　　这个关于他们的问题，你问得越多，就越能看清楚促成他们那些行为的局限性和恐惧。这样你就更容易无视他们的存在，也更容易宽恕他们。他们其实也是同病相怜的挣扎者。你的行为会让他们注意到他们的艰难超出了自己愿意承担的程度。让我吃惊的是，在离开警队后，有很多前同事居然问我干得怎么样，而且在得知我做成了自己想做的事情时，他们似乎感到了小小的失落。我现在明白其中的原因了。其实他们留在警队里也不开心，只是觉得没有能力像我当初那样做，结果就是他们感觉自己很糟糕。我要是失败了，他们也许会在无意中感到一些安慰，尽管他们都是些可爱的人。

答案不会唾手可得

很久以来，我们一直被鼓励把对自己的控制权交给那些所谓的专家。感觉不舒服？去看个医生。与邻居间有矛盾？给居委会或者警察打个电话。想要减肥？每天的日间电视节目中都有专家给你介绍他们新的营养餐。只要你准备好了付钱，就会有人来解决你可能会经历的每一个问题，而在这个过程中，你往往忘了问一句："关于这个问题，我自己能做点儿什么？"

我碰到过很多这样的客户，他们承受着紧张、焦虑或者压抑（或者所有这三种情况的混合）带来的痛苦。当你找到个中原因，其实问题大多在于他们为维持"人们"期望的那种生活方式而承受的压力。奥利弗·詹姆斯（Oliver James）

在其作品《富贵病》（*Affluenza*）中写道：

> 过度占有是这样一个问题，拥有了太多的东西后，你发现生活变成了对物质的维护和关怀，对人则反倒是不闻不问。

我见到过太多事业导向型的人，他们大部分是男性，努力工作，"给家人所有的一切"。只是在某个晚上回到奢华的家里时发现家人已经离开，因为他们被剥夺了家人最想要的东西——他们的时间。

我们被鼓励去相信购物具有一定的治愈性的说法，然而，你真正拥有的"物品"可能会变成一个暴君，最终是它占有了你。它并没有把你获得它时想要的东西给你。如果在你内心本应该属于自尊的地方有一块空地，数不清的名牌服饰、香水、拉风的汽车或者饕餮盛宴就会来填满它。你有能力从内部改变它，而不应该用本月的"必买"清单做短暂的炫耀。

任务

检查一下你有多少时间花费在了维护你收集的

那些名牌上。很多人会用超长的工作时间换来的报酬去购买那些自己没有时间去享受的东西。通过提出"我需要这个东西吗？""那个东西会让我更加快乐吗？""我想过这样的日子吗？"这些问题，会让你变得更为内控。你的生活也可能变得非常不一样。

按照生活的本来面目对待生活，而不是按照"它应该是怎样"的样子

我们的大脑把大量的时间和精力花在对未来的预期上。这可能就是当事情没有按照它所预测的方式发展的时候，我们会对所处的环境视而不见，继续犯错的原因。我们继续按照自己臆想出来的情况对待生活，而对生活本来的面目熟视无睹。只要看看英国脱欧公投后数周出现的抗议浪潮，而且要求举行第二次公投，就可以看到这种局限在现实中的真实表现。

通常，如果我们长时间处于不必要的戒备之中，大脑会更偏向于对不幸的预测，而不是思考如何能让我们做得更好。大脑喜欢习惯，而**我们的整个人生可能变成一个我们永远无法打破的习惯**。成为内控型的人能够让你改变那种消极

习惯，适应周边可能出现的情况，并用它来打造一个更加美好的未来。

一位名叫里德·蒙塔古（Reid Montague）的神经学家提出了我们靠电池运行的观点，认为我们只有有限的能量供应。现在，主流的看法是，维持我们生存的能量供应没有太大的问题。事实上，在西方世界，日益严重的问题是我们如何控制个人能量供应，不要让它溢出。但是，我们这个物种在地球上的绝大部分时间里，每天的主要任务一直是找到足够的食物生存下去。有人认为，我们进化的主要关注点，一直都是找到更好的办法获得足够的食物。我们的大脑可能就是这种追求的结果——能够看到我们未来的样子，就把大脑转变成一台预言机器——所以，我们能够开始为饥荒做规划，想出另外的狩猎方法，并且计算成功的概率。能够看到未来会有一个巨大的成功，但是同时也伴随着不足。

我们现在可以把大量的时间花费在考虑以后的事情上，尤其是在烦闷、不高兴或者不知所措的情况下，而这样做并不一定要有一个明确的结果。我有这样一位客户，他坦言每天早上能让他起床的唯一一件事情就是对彩票中奖的期盼。每天他都会花大量的时间梦想着怎么花这么大一笔钱。现在，在一定的条件范围内，对某种不大可能发生的事情拥有一个美好的白日梦并没有什么害处，甚至还可以为自己减压，比如想象自己正身处美丽的热带天堂之中。但是，我遇到过的某些客户花在游走于这些未来世界的时间如此之多，以至于让自己与现实完全脱离了接触。

在你认为存在问题或者困扰的任何情况下，问问自己：

自问 4：此时此刻我能做什么？这里的机会何在？

我想帮助你通过获得内控型心态养成的技能，就是更加清楚地认识此时此刻真正发生的情况，而不是大脑条件反射想出来的那些。按照此时此刻的情况看待生活，而不是凭借大脑想象出来的灾难，也不是你先入为主的想法，然后，采取行动。"该怎么样就怎么样"是一句广为人知的格言。是的，该怎么样就怎么样。现在，你能够从中得到的最好的启示是什么？机会何在？此时此刻选择什么？能做什么？解决好这些问题。

解决问题

如果情况让你感觉到压力，请用下面的方法来自我疏解：

- 写下所有你担心会发生的事情。
- 逐条分析每一种担心，并就如果担心的事情真的发生了你能做什么起草一份计划。
- 把每种情况发生的可能性按 1~10 分打分。
- 分析每一种担心，提出可以降低你给出的分数的做法。
- 写下在这种情况下可能出现的所有正面情况。
- 分析每一种情况，并就如何提高这些正面情况出现的可能性起草一份计划。
- 规划一些每天都可以做的事，每天坚持做，最有可能产生你期待的结果。

在变成内控型的过程中的教训

我发现大家在治疗室里跟我一起经历的过程，大多是从外控型的起点到内控型的终点之间的过程。很多客户从相信我有能力改变他们开始。请注意，这是外控型的表现。我谁也改变不了。我成功治愈的那些人最终意识到这一点，并积极参与到了这个过程中——这个过程成了一种相互协作；这个过程从"我"改变他们，变成"我们"改变他们。迈向"自尊独立"的最后一步，是他们意识到自己在这个关系中要承担所有的"重活"，而且他们不再需要我了。我的朋友，当你让自己变得多余，因为客户意识到他们已经拥有了成为自己想要成为的人的一切的时候，就意味着治疗成功了。只是年轻的大脑在面对负面事件（或者负面解读）时的预测失误，才让他们在一开始的时候走向了戒备而不是成长的方向。

所以，变得更加内控型的关键是要认识到那些能够提高自尊的问题，并抓住一切机会培养自尊，采取行动而不是等待事情的发生，并让自己能从容应对负面的影响。成为这样的人，你也就成了这样的家长，能够为孩子的茁壮成长打造出良好的培养皿。

我要教会你的下一件事情，就是不要对真相太过较真。

第二课

你可以相信适合自己的东西

思想者想到的东西，由实证者证明

见到我们想要见到、希望见到或者期待见到的东西可以是一件轻而易举的事情。同样，对不符合我们世界观的东西视而不见也很容易。你曾经与某人就你深信不疑的某事发生过严重的分歧吗？你当然有过。无论你提出什么彻底颠覆对方观点的证据，他们还是坚持自己的观点，这是不是让你觉得很不可思议？他们对你同样坚持是否也觉得不可思议？当年撒切尔夫人辞世的时候，有些人深切地哀悼她，有些人却在街头狂欢。

时间退回到1877年，这一年乔瓦尼·斯基亚帕雷利（Giovanni Schiaparelli）观察到火星上有一个由很多直线构成的网络，这个发现带来了一波大众的狂欢，而且其他观察者发现了更多这类"运河"。我们现在知道这个发现实际上是由大脑喜欢把点（像遥远星球上面的山峰）连接起来形成各种线条而造成的视觉假象（除非你相信登月是假的）。

如果你是气候怀疑论者，大概率的情况是这样的：哪怕 97% 的大气科学家与你的看法不一样，也无法改变你的意见。如果你是位神创论者，那么人类骨骼的出现早于《圣经》中的创世年代也会被忽视甚至被诋毁。这足够让人心生忧虑，但我们对自我的信任可能只是因为不愿意采纳反方的证据。

奥尔定律

很多年以前，我遭遇了伦纳德·奥尔博士（Leonard Orr）提出的模型的那种情况，这个模型解释了这种情况为什么会发生。想象你的心灵由两个部分组成，思想者和实证者。格言是："思想者想到的东西，由实证者证明。"如果你的思想者把你想象成一位好人，为了维护这种信念，你的实证者将会过滤并解释你身上发生的，或者你周围发生的一切事情。但是，要是你的思想者认为你是垃圾，猜猜你的实证者会做什么？这就是为什么有时候你听到别人受到赞誉或者获得正面的反馈时会有这种反应，"你只是客气一下"或者"只是因为……才做得那样好"，并给你找一个这些之外的理由。

正是这个自我循环系统强化了你秉持的这种信念，并且让其保持得更为长久。这是解释我们最终会处于怎样的成长或者戒备模式的一种方式。

这个模型的中心位置是信念——它们是思想者据以思考的根本性的东西。我每天在治疗室里都面对着它们的狂轰滥炸："生活处处都在与我作对""我就不配有什么好事情""我应该（为所有的事情）而感到羞愧""没人爱我""我永远不会快乐／苗条／成功"。主题是有限的，但是表现形式很多，要是我给那些客户足够的空间，他们的实证者会给我提供一份长长的事例清单，"证明"这种想法是对的，而完全没有意识到自己被困在一个思想者／实证者反馈的闭环里。

在大部分病例里，客户带入治疗室的有限信念（或者多种信念）就是根源；改变了这个根源，由这个根源产生的所有行为表现也会随之改变。然而，要实现这个目的可能会很棘手，原因是**"觉得真实的东西好像就是真的"**这种假象。让我来解释下这句话。

信念的定义是"对某种事情存在或者认为是真相的一种认同，尤其是在没有实证的情况下"。在我们的日常生活中，信念一直在背景里运行，让我们能够以此来实现它。回想一下今天早晨我们起床，把双脚从床上移到地板上。你现在会认为双脚仍然在那里吗？当然不会。你走向卫生间的时候，会检查踏上的每一块地板是否仍然坚固吗？如果是，你会让人觉得很奇怪，而且想象一下，要是这样的话，你的日子会变得有多慢。随着对这个世界认知的增加，我们构建起了一整套的信念，指导我们的行为——有用的精简和概括，以保证我们的安全，并节省精力。它们不可一世地证实自己是很好的主意。我们对一切事物都秉持一个信念——事实上，没有信念是根本无法想象的事情。我记得我曾在一次晚宴上跟某个人有过一次对话，他深深地沉迷于后现代主义思想，这种思想坚持这样一种观点——"我不相信任何事情"。我实在忍不住，便问："你真的相信这种说法吗？"信念是无法回避的，而且，无论是关于信任木地板还是不信任你自己的各种想法，全都会以同样的方式呈现出来。它们一定会让你感觉很真实，让你对它们做出反应，所以，它们必须要感觉像真的一样，那些不是真的的也是如此；这就是它们的欺骗性。我的工作就是让你不要对它们太过较真。

> 对一流智力的考验是这样一种能力：能够在心里同时怀有两种相反的想法，并且仍然能够让它们同时发挥作用。
>
> ——F．斯科特·菲茨杰拉德（F. Scott Fitzgerald）

我不相信人死后的生活，我认为死了就一了百了了。这是一种信念，对吧？与此同时，我心里照例在与已故的祖父说着话——而且，他还给了我一些不错的建议。由于这种矛盾，我内心纠结了很久，直到有一天恍然大悟。**信念其实就是各种便利；它们的出现是为了指引，而不是作为必须盲从的各种信条。**自从悟到这一点，我就一直利用各种信念让自己快乐，保持成长。尽管我知道自己不相信死后的生活，但显而易见，我从与祖父的交谈中得到了好处，那为什么不做呢？对我来说，必须相信死后的生活才能继续我与祖父之间的对话才是错误的。我发现，持有矛盾的信念，并选择在某种具体情况下使用会得到最大好处的那一个，是一种很大的乐趣，而且赋予了你相当程度的思想自由——它给你的朋友带来了多大的困扰，你就有多大的自由。

信念是你的思想者用来定义你的世界的东西，也是你的实证者通过合适的方式组织你看待事物的方式而拼命去验证的东西。"拼命"的说法并非虚言。它是我们所有人身上一个可悲的软件故障，让大脑宁愿保留老的信念，把世界压挤成满足它的说法的形状，也不愿劳心费神去更新这个信念。

感觉它们好像就是"真理"的那种认识，已经牢牢地刻在信念的 DNA 上。这是它们能够让你亦步亦趋的唯一方式。你要是对卫生间地板是否坚固的信念稍有动摇，就会谨慎地前行。毫不奇怪，我们会如此坚定地维护它们。通常，我们对所抱有的关于自己的那些信念如此坚定，以至于扼杀了对成长的所有期待。

你可以摆脱那些捆住你手脚的信念，获取支持你生活的信念。这不是很容易，但是却是可能的。

在你发现自己很坚定地相信某件事情的时候，请万分小心，并花点儿时间问问自己：

自问 5：我的思想者在想什么？

解决问题

· 我的实证者在这里干什么？

· 还有什么可能是真的？

· 如果是真的，我的思想者必须得考虑什么？

· 这会如何改变事物？

· 我为什么不希望这种情况发生？

这很可能会带出一些需要认真考虑的事情来。

阅读那些与你的信念相反的东西。我常常会有这种经历，就是阅读某些与自己的世界观截然相反的东西，这样做

最终会让自己的世界观得到充实。我在这本书的前面提到过吉尔·博伊恩。在首次跟他一起参加培训班的时候，我就是这样做的，因为我所信奉的理念与他的所作所为截然相反，几乎涉及治疗过程中的每一个领域。他改变了我的生活，因为我不得不承认他的做法是有效的，同时，我的做法也是有效的！所以，他认为治疗必须按照他的方式去做的想法并不对，我认为我做事情的方式是唯一正确的想法也不对。

我喜欢来自保罗·萨福（Paul Saffo）的建议，要"强意见，弱坚持"——致力于你所相信的，但是时刻准备好在你的信念不再有用或者不值得你奉献的那一刻放弃它。

育儿小贴士：保持灵活性

大脑很容易固化，因为我们最后都会以惯常的方式去做事情。

· 定期调整日常事务的做法。工作中采用不同的方法。尝试新的锻炼方式。涉猎新的喜好。阅读那些与你意见不同的人的文章。观看不合你口味的电影。尝试新的食品。

· 把这个建议应用到孩子身上。让尝试新事物成为常态。对扩展他们的舒适区带来的不适进行奖励。发掘他们生活热情的最佳机会是四处去寻找激情，而不是总在同一个地方重复。

· 另外，鼓励孩子用新的方法做老的事情。先把另一只脚伸进裤子里或许只是对行为灵活性很小的鼓励，但是，我们都知道从橡树籽里长出来的是什么。关键的目的是避免让他们过早地进入固化的范式。这是成为一个创造性人才的关键。

灵活的父母会培养出心胸开阔、有好奇心的孩子。我想不出还有什么比这更好的礼物赠送给他们了。

第三课

你可以选择自己要成为什么样的人

要是我做了这件事，我会成为什么样的人？

大脑的可塑性意味着你可以成为大脑"编造"出来的某个人。关于你最喜欢什么样的生活，你认为自己最终应该是什么样子的这些问题，你既可以放任自流，也可以实施掌控，把自己塑造成你希望成为的那个人。下面讲述的是我的一个发现，我认为可以帮助你在自己是什么样子和不是什么样子、什么能做和什么不能做这些方面变得更加游刃有余。这说起来有点儿让人不敢相信，重大的教训居然会来自这样一种简单的情况，一个有关吃蔬菜的问题。不过，不吃蔬菜其实并不是我的问题，确实不是。

在我一生中的大部分时间里，我一直在与蔬菜较劲。沙拉的出现似乎就是为了让我鄙视的。尽管身材一直保持得不错，但我很少考虑通过选择食物来保持健康。大概与生俱来的幸运体质让我可以侥幸逃脱它的困扰。

现在，事情发生变化了。最近在一家超市里，我站在贝克斯身旁，看着沙拉展示柜说："我们买哪一款？它们看起来似乎都很好吃的样子。"我不是说着玩的。下面我就告诉你这个变化是怎么发生的：

朋友推荐了一本由蒂姆·费里斯（Tim Ferris）写的名为《每周健身 4 小时》（*The 4-hour Body*）的书。大部分人会认为我的身材胖瘦正好，但我的体脂高于你们的想象。我属于那种所谓的 TOFI（外瘦内胖）：表面看着瘦，其实脂肪都藏在体内。这本书讲的是如何降低体脂，而不是减肥，这一点吸引了我。所以，我决定一试。它的内容包括了很多硬核的事情——比如冰水淋浴，但我想我可以从容易做的事情着手，只是把他说会累积脂肪的那些东西排除在我的食物之外。我可以吃肉和蔬菜（不包括水果）。你下面会看到我遇到的问题。

我咬紧牙关，让贝克斯把她选择的所有蔬菜放进我的盘子里，而且发誓会毫无怨言地吃掉它们。在最初的几天里，我对自己说，我在吃"肉和药"，这让我接受了它的怪异之处。随后，我开始意识到大脑里不和谐的声音日趋严重。如果是一场对话的话，大概就是这样的："这道菜味道实际上还可以。""不好吃，你不喜欢蔬菜。""但是，你知道的，实际上，我真的非常享受这味道和质感。""闭嘴。你不喜欢蔬菜。""我知道我过去是不喜欢，但是……""啦啦啦……不爱听。你就不是那种会喜欢吃蔬菜的人。"

随后，我脑海里闪出了这样一个问题：

> **自问 6：如果我……那我会是什么样子？**

我身上仿佛被凉水冲了一下，这正是蒂姆·费里斯鼓励我去做的事情。一瞬间，我意识到，在过去的这些年里，问题其实并不出在蔬菜本身，而是出在"如果我真的喜欢蔬菜，那我会是什么样子"上。

就像回放的电影，我想起孩提时代的一幕幕画面，那些被迫留在餐桌旁吃完晚餐的时刻，这个时候其他人全都已经走了。我还记得我在晚餐桌下面藏东西，在学校的餐盘里舀很多沙拉酱，这样我可以把沙拉埋在下面，以避开暴躁的监餐女士的视线。无论在家里还是在学校，我孩提时代的挑食毛病都会出现问题，并进而发展成为一场"战争"。我对抗权威，而蔬菜就是战场。我记忆中自己从未输过。我整个一生都在激烈地反抗，甚至是过度地反抗，针对所有想把意愿强加在我身上的人，而蔬菜就是这个事件的根源。

"如果我是个吃蔬菜和沙拉的人，那我会是什么样子？"
我的潜意识会采纳的答案显而易见：懦夫、举手投降的人、
对别人唯命是从的人。我会变成建立在这种情况之上的这样
一个版本的"自我"吗？

"如果我是个喜欢蔬菜食品的人，那我会是什么样子？"
一个马上就会感到更加快乐的人，对选择有了更好的掌控，
而且肯定将会变得更加健康，就是这样一个人。太不可思议
了。我意识到，自己一直长着一个大肚子，长期不满意的饮
食，让我早已忘了它还可以给我带来什么别的不一样的感
觉。有生以来第一次，我有了它是我的菜的感觉。

如果我……我会是什么样子？

这变成了一个非常重要的问题。贝克斯和我在面临任
何限制或者不情愿做什么事情的时候，都会使用它。"我不
想……"其实是处理"如果我真的想，我会是什么样子"的
问题，而且它会产生一种很有意思的领悟，尤其是很多从前
我"不想做"的事情，之后我往往会为自己做了而感到高兴。

我已经讨论过我们如何成为自己的创造者。这个食物实
验给了我见证整个事实的机会，从无意识的信念曝光到对当
前的光明敞开心扉，它一直都在实时更新着。

我们每次醒来，都有机会成为自己想要成为的那个人，

然而，我们习惯于每天把自己套进过去的信念里，就像每天穿上裤子那般自然。其实真的不必如此。

用这个简单问题能够解决的事情大概是无穷无尽的——人们往往会因为它太过简单而忽视它——我挑选出了一些我的客户使用它取得的最常见的成效：

· 如果我可以抵制那块蛋糕的诱惑，我会是什么样子？

· 如果我敢去跟那个女孩搭讪，我会是什么样子？

· 如果我是去应聘这个工作的那个人，我会是什么样子？

· 如果我真的动起来，去体育馆，我会是什么样子？

· 如果我不能容忍别人用那样的方式对待我，我会是什么样子？

任务

下次被迫面对某种通常让你感觉不自在的情况，或者要做某些你认为不可能（但是其他人可以完成）的事情的时候，创建出一个适合当时情况的这样的问题，向自己提问。留意你做这个任务的时候内心有什么变化，认真地专注于思想、感觉和身体表达出来的所有细微变化。尤其是后者……

卓越的生理机能

当我问自己"如果做或不做……我会是什么样子"并且认真地关注自己的反应时，我的身体会发生变化，通常是体态上的某种微妙变化，有时候是步态，或许其他人发现不了，但是我自己能够感觉得到。这种身体变化是我在给客户讲授这些内容时会指导他们做的事情。在我的工作中，大家通常会对精神和身体之间的联系颇有微词，重点几乎总是放在精神上，实际上，它们更像是双行道。

保罗·埃克曼（Paul Ekman）是一位研究情感和面部表情关系的世界级权威专家。在一项实验中，他让志愿者在脸上做出表情，表达 7 种不同的情绪状态，比如愤怒、悲伤、恐惧和憎恶。因为要拍摄照片，受试者做出这种表情时要保持比较长的时间，他们开始报告说，自己的情绪正在与表达的情绪同步。做出愤怒的样子让他们更加怒不可遏。似乎我们的大脑会从身体中寻找它应该如何感觉并做出反应的线索。换句话说，我们的身体是需要解读的环境的一部分。

NLP（神经语言程序学）练习者经常讨论卓越的身体机能——最有可能在某个特定环境中产生成果的身体语言。顶级的运动员最擅长此道；光凭他们散发出的"氛围"，你通常就能猜对谁输谁赢。身体是你生命工具包中的一种强大的工具，所以，学会使用它，认真倾听它带入你的思考和情绪中的种种变化。

忽然之间，"仿造它直到你造出它"的这种老观念有了某些新的色彩。经典歌曲《微笑（尽管你的心中有痛）》的作者超越了他的时代——事实上，减少焦虑的一个好办法就是简单地用嘴叼住一支钢笔。研究人员发现，当嘴巴被迫做出微笑的样子的时候，那些焦虑的受试者报告说他们的恐慌退去了。大脑紧跟身体指引的方向。

当我变成"我能够成为的那个人"时，生理机能上的微调对思想也产生了同样的效果。经过排练，这种生理现象可以变成新的常态，因为对于一种新的行为，甚至新的信念，它起到了黏合剂的作用。

育儿小贴士：假装你能做到，直到你真的能做到

....

　　早早地教会孩子这个道理，利用他们的生理机能有意识地创造一种有意义的状态，可以让他们的内控武器库里多增加一件武器。要让他们明白，感觉如何其实只是一个选项，如果觉得不适合，可以选择另外的选项。儿童基本上都能够非常快地理解这种想法，仿佛选择不同的生理机能对他们来说就跟换一套自己最喜欢的超级英雄的行头一样容易。让他们看到你也在做这样的事情，成为一个超级英雄的大家庭。当他们感觉很自信或者很强大的时候，让他们留意自己的姿态和呼吸——一切与形成自己状态的生理机能有关的事情。下一次他们感觉紧张或者缺乏信心的时候，提示他们关注这些方面，并让他们重复这些做法。他们在练习这种"卓越的生理机能"时做得越多，就越能更快地进入积极的状态，并摈弃那些消极的东西。

仅限今日

上面这个练习的另外一种演变就是"仅限今日"，这个做法也非常有效。

· 仅限今日，我要假装自己足够好。
· 仅限今日，我要认为一切都是为了一个好的结果而发生。
· 仅限今日，我要认为一切皆好。
· 仅限今日，我要像我很喜欢做自己那样去行为处事。

给这种变化规定一个较短的时间框架，会让它感觉更加便于管控。这就是我们所说的"仿佛"形态——一个假装某些事情就是如此的机会，而且，因为我们并不认定它就是真的，就算失败了，也不会有特别糟糕的感觉。我曾经看到过这样的说法，电影明星加里·格兰特（Cary Grant）被问到是如何成为这样一位彬彬有礼而且充满自信的人的。他的回答是，"我只是一直假装成这个样子，直到有一天我不假装也习惯如此了"。而且他大概这样做一次就是一整天。所以，仅限今日，要与众不同，你会怎么选？

提出这些问题不是应对生活挑战的魔法棒。它们只是单纯的工具，用于鼓励你变得更为内控，并利用想象力打造出另外一个版本的自己，这个版本的你没有了那些你不喜欢的样子。

你就是你认为自己应该成为的那个样子

很多年以前，一位患厌食症的客户帮助我彻底改变了看待世界的方式。克洛艾当时 17 岁，像其他患有厌食症的女孩子那样，非常机灵，而且，距离被英国精神卫生法（Mental Health Act）归为精神疾病的体重仅有约 0.5 千克之差。她勉强能上下楼梯，脸看起来就像有个吸尘器插在她的脑后，像纸片人一样。她是 NHS（英国国家医疗服务体系）进食障碍门诊的病人，与那些坚持要她做行为改变（比如调整日常饮食）的人进行针锋相对的斗争，尽管她也同样相信，自己需要解决这种混乱局面，这是她的"头等大事"。我不得不声明的第一件事情就是我跟这个门诊没有任何关系。他们后来责怪我非常不专业地迎合了她的要求。后来她的情况有所好转，所以我也没把他们的指责当回事儿。

随着我对克洛艾的了解，我逐渐弄清楚了她的想法。她会说到这些想法，会把这些想法编成短信，还会把它们写下来。我开始注意到它们之间的差异。有些说到她想去旅行、拍照、偶遇帅哥；有些提到她的丑陋、她有多不可爱，以及食物怎么就成了她的敌人。她的身体语言似乎反映出了这些不同版本的她。第一个版本的她轻快地走进来，带着迷人的微笑，坐得笔直，跟我唇枪舌剑；第二个版本的她步履沉重地走进来，跌坐在椅子上，生着气，咬牙切齿。

我给了她一本由苏珊·布莱克莫尔（Susan Blackmore）教授写的书，书名是《模因机器》（The Meme Machine）。这本书提到了一种最早由理查德·道金斯（Richard Dawkins）提出的思想，认为各种想法会在我们的大脑以及文化里相互竞争生存的机会，所采用的方式跟基因在大自然里竞争的情况是一样的——适者生存。比较容易理解的例子是喜剧。喜剧演员常常因为偶然讲出了一个像野火一样在整个国家燎原的流行金句而声名鹊起。这个金句就是一种模因，宗教也是如此，政治意识形态的情况也一样。

布莱克莫尔教授认为，不是所有的想法和思想都会给文化或者在头脑里产生它们的那个人带来好处。例如，在很长一段时间里，农耕思想降低了早期农夫的生活水平，使他们根本无法与那些猎人和采集者相提并论。平衡这种更艰苦的生活的想法是，在一起生活的人越多，安全感也就越高。大约在我开始观察克洛艾的同一时刻，我读到舞毒蛾毛虫感染了一种病毒，促使它们爬到树顶，在树顶死亡、液化，并且把带有病毒的浓液滴落到其他毛虫身上。病毒能够劫持其宿主的行为。模因和病毒这两种想法的同时出现，成为我与克洛艾之间讨论的话题。

如果某个人被某种病毒感染，造成他对食物的看法的改变，以便避开携带那种病毒的食物，会发生什么情况？如果它不是一种真正的病毒，而是一种思想、一种模因，会从一个人扩展到另一个人，该怎么办？厌食症已经存在了很长时间。这种思想让苏格兰的玛丽女王深受其害，但是，只是在歌星卡伦·卡朋特（Karen Carpenter）于1983年去世之后，才由媒体把它带到广大公众面前并引发了广泛关注，而且发病人数也相应地增多了。对我来说，它就像是一种模因。

克洛艾和我开始谈论她的"病毒"，这是一种让她产生使自己疾病缠身想法的思想。她开始把她的想法写下来，并标注"病毒"想法和她自己想法之间的不同。随着她训练自己对"她的"想法做出反应，而忽视或者驳斥那些病毒的想法，她开始变得强大起来。在经过18个月的共同努力之后，克洛艾背包环游了澳大利亚，在一位男孩的陪伴之下到处拍照，并且身体质量指数（BMI）完全正常。她现在是三个孩子的母亲，还是一位认知催眠治疗师，专长于——猜猜是哪个方向——进食障碍。我已经成功地把模因想法的各种变种应用到了大量患有进食障碍以及存在其他问题的人身上，这些问题属于思想上的暗示，起码在我遇到的大部分人身上是这样的情况。

　　如果你意识到有个"病毒"存在，试试下面这些方法：

解决问题

- 写下那些会让你认为病毒正在发作的想法。
- 拿一支荧光笔，标出属于"病毒"思想的那些想法。
- 再拿另外一支荧光笔，标出那些感觉更像自己想法的想法。
- 在每一个"病毒"想法旁，写下你为什么认为它是不对的。
- 在每一个你自己的想法旁，写下你能想到的所有支持它的理由。

一段时间之后，你能更好地识别出里面出现的"病毒"思想，提高无视这些想法的能力。总的来说，你所拥有的任何想法在执行之前都并不是你自己的，只是大脑抛给你的想法。

大脑专注于具体事物的能力是有限的，现在，我们知道了它是习惯的奴隶。如果大脑习惯处于戒备状态，那么，它会把大量被解读为威胁的东西带到你的关注里。你生活的世界会很消极，因为你用自己的关注偏好喂养了那种消极。对于你的自尊来说，也是同样的情况，你通过专注于那些建立自信的事情可以喂养自己的信心，而专注于自己的失败则会扼杀你的自信。这两种情况你越留意哪一种，就越有可能出现哪种情况。

一段时间之后，无论我们专注于哪一个版本的自己，获得关注最多的那个版本会变得最为强大，而变弱的就会越来越不相干。一旦你意识到大脑是一个思想工厂，大批量生产那些它认为正在你身上发生的事情的回应，你就可以开始做两件事情：挑选出那些属于你的想法（而且通过这样的做法忽视不属于你的想法），并把注意力集中到这些想法上，以此鼓励大脑产生更多类似的想法。如果我们是有关自己的所有想法的总和，那为什么不开始着手确保我们拥有那些能创造出最享受人生的那个版本的自己的想法呢？

迄今为止讲过的内容

在这部分，我一直聚焦在你身上的以下问题：

- 如何通过内控型的培养把大脑的频率调到成长频率上。
- 如何把自己从那些让你处于不必要的戒备信念中解放出来。
- 你如何做出选择，成为自己想要成为的那个人。
- 你如何成为自己人格的创造者。

这不仅将让你的生活变得更好，对处于你影响之下的那些人也会具有同样的作用。你将会成为孩子们的榜样，而且，随着岁月的流逝，家族反馈回路会创造出一些非凡的东西来。

想象这样一个世界，在那里，孩子们从很小的年纪就知道掌控自己的感觉，拥有改变自己不想要的情绪的工具。

想象一下，如果你从引领孩子们创造现实的观点出发教育他们，让他们的大脑用成长的色彩来描绘斑斓世界。

想象一下，如果你学会把孩子们的行为只解读为他们的大脑对在那一刻创建出来的现实的解读做出的反应，那可以赋予你多大的灵活性，帮助他们寻求改变的方法，并同样改变他们的人生体验。

现在，就让我们继续去看看，在培养孩子的毅力和成长方面，我们能够有什么样的作为。

第三部分

——

培养孩子

在第二部分，我提出一个模型，解释了大脑如何构建我们的世界，以及我们在这个世界中的身份意识的形成。就我们不喜欢自己的那些问题，也就是我们的局限和不足，我提出了自己的看法，认为这是大脑软件中存在的各种小差错造成的，而这些差错很显然是在童年时期产生的。

　　我继续描述这些差错如何被我们的消费组织利用，来让我们按照符合该组织利益的方式行为处事，但这样做的结果常常使我们感觉沮丧、压抑、焦虑、失望，或者就是单纯的不开心。如果你开始以我所建议的那种方式来看待事物，就会意识到，很多你曾经认为正确的事情，尤其是对自己的看法，其实是杜撰出来的。它们不仅是杜撰出来的，还在时时刻刻继续杜撰着。它们把我们引向一种无意识的假设，认为事物就应该那样发展，包括你自己，而且这种状况很难被改变。

　　然而，我的模型得出的结论是，既然这种事情不是真实的，那么就能够被改变。我们能够修正小错误，能够掌控自己的故事，能够按照自己最喜欢的形象创造自我。我们或许无法完全按照自己的愿望创造生活，但是，能够把它打造成与愿望相去不远的样子。

　　我多么希望在自己刚当上父亲的时候就知道了我现在撰写的这些内容。一位熟知这一切的家长，有机会改变孩子的人生。

孩子们每天都在给你们机会，让你们帮助他们成长。在如何看世界、如何看自己、如何待人接物以及那些你希望他们学到的教训等方面，你都能够指导他们。了解他们年轻的心灵如何运行，不是为了让他们避开挑战，也不是为了躲开那些能让他们体验"重大情感事件"的情形。好的培养是让孩子们变得勇敢，而不是娇惯他们，不让他们经历生活中的磨砺。要帮助他们在被生活击倒的时候重新站起来，培养能伴随他们一生的良好心态，让他们保持坚韧、灵活而且快乐。这些事情做起来不会轻而易举，但却是能够做到的。

　　第二部分讲了你的个人成长，讲了那些可以让你成为希望孩子养成的那些特质的榜样，而去身体力行的事情。我认为你很快就会看到它们如何开始渗透到你与家人相处的方式中；随着你的改变，他们也会改变。现在，是时候把关注点转移到培养孩子上了。我把这部分内容分成了8个方面，把能够想到的帮助你完成世界上最为艰巨的这项工作的所有想法尽可能地倾囊相授。谢天谢地，它的成果还算丰硕。像第二部分那样，我也在里面加入了一些小练习，帮助你把包含在每个格言中的想法转化为思维的习惯，自然而然地指导你的行为，当然，是在你下大力气应用它们的情况下。我对此抱有很高的期望，迄今为止，你们已经给我留下了非常深刻的印象。

给父母的 8 句格言

尊敬的家长：

这些是我依据自己担任治疗师的工作经历，以及作为家长的生活经历所学到的经验而想要与你分享的内容。我希望你很快开始吟诵这 8 句格言，帮助你在为人父母的整个过程中保持清醒的头脑和泰然自若的心态。

格言 1：你要训练他们，不然他们就会训练你。

格言 2：他们还不是以后要成为的那个样子。

格言 3：奖励并不总是能激励他们。

格言 4：少给他们一点儿并不是坏事。

格言 5：生活的意义由你自己赋予。

格言 6：他们不是麻烦，只是跟你不一样。

格言 7：培养内控型的孩子需要勇气。

格言 8：不要寄希望于他人。

格言 1

你要训练他们，不然他们就会训练你

　　把这句格言印到你的眼皮上，以便在你睡着的时候能让这句话嵌入你的脑海。现在，我冒着被一群愤怒的父母围攻的风险，但是，一旦你弄明白了孩子那颗年轻的因果大脑，这句话真的会大大简化你培养他们的方法。大脑形成因果机制的目的就是预测事物，像"如果我那样做，会发生什么？"**从很小的时候起，孩子们就在试图搞清楚世界是如何运行的——尤其是世界是如何为他们运行的。**从能够挪动脚步的那一刻起，他们就开始探索自己的物理边界——能够触及什么，以及什么地方是可以爬行的；他们同时也探索社交边界——能做什么，以及不能做什么，什么能够得到别人的同意，什么会导致同意被撤销。

　　超市里经常出现的这种情形让我很吃惊：面对大喊大叫的孩子，父母只是一味地缴械投降，给孩子他们想要的东西。

到底谁在训练谁呢？孩子（把他们想象成不那么疯狂的青年科学家）正在尝试一场基于"我怎样才能得到想要的东西"的实验。他们好像在尝试一系列的行为，它们全都建立在这样的基础上——"哪种行为能让我获得想要的结果？"撒娇是不是可以？要求得到它是不是可以？在请求的最后说一声"请"是不是可以？惊天动地的哭喊是不是可以？一般来说，孩子行为的灵活程度远大于成年人，成年人太过在乎别人会怎么看，在僵持的时候像孩子一样坐到地板上，双脚乱踢而且喊叫得比他们更大声似乎不太可能。孩子们的胜出通常只是靠软磨硬泡，靠父母心里那种"只此一次，下不为例"的想法。其实根本不是那么回事！孩子最擅长从过往的经验中学习。除非他们学到的一部分是在试验结束的时候并不总能获得父母的首肯，而且不能获得所有想要的东西是世界运行方式的一部分，否则你就从此彻底坠入深渊了。**你要训练他们，不然他们就会训练你**。反复吟诵这句格言，把它印在你的 T 恤衫上，因为如果你想获得作为家长的生存资格，切实地培养出乐于助人的孩子，训练的天平就要极大地偏向你这一边。我有过这样的客户，他们在童年时没有"不可以"的边界，目前面临着一系列的问题。首先，他们普遍是外控型的人。他们希望全世界都来满足他们，以一种鼓励全世界为他们买单的方式处事。有些人气势汹汹地提要求，以辱骂、大叫、惊呼来达到目的；有些人则靠装可怜、疾病或者无助来让自己得偿所愿。他们没有哪一种行为会让你觉得舒服。而且，要是父母健在，这些客户基本上仍然会对着他们大吼大叫，或者骗取他们的东西，只要父母中任何一位健在也是如此。我认为"不行"是父母词汇中最为重要的词语，在事关孩子的潜能或者对梦想的追求时，要尽量少用这个词，但是在事关物品的获取，或者要求你为他们做自己本来可以做的事情时，就要多用。孩子学会认识这些概念非常关键：有时候就该轮到他们一无所获，轮到别人得到某种东西。生活并无公平可言，总有胜利和失败，不行就是不行。在家庭里，孩子最不该做的行为就是发号施令。

有一个被称为"顺应"的过程。在这个过程中，孩子按照获得的信息，或者解读信息的方式修正他们的理念和行为。在我还是孩子的时候，受到了有关尊敬长辈的强势教导。小孩子必须人到，而不能只是声到，见到大人要叫叔叔或者阿姨——永远不能只称呼对方的名字，而且小孩子要给大人让座。对这个要求的顺应让我在加入警队的时候显得过分敬畏，在与那些我认为是最高权威的人协作时表现得太过束手束脚。想象一下，当孩子向我扔东西时，我的惊讶和困惑，他们已经接受并顺应了对警察的不同看法。你需要意识到这种顺应开始的时间会有多早。

初为父母的人都会被一定要把事情做正确的压力弄得有点儿不知所措，这是完全可以理解的，所以，从一开始，他们就可能会多做很多看起来似乎有效的事情。这对于校正你的所作所为来说确实不算一个糟糕的办法，但也很容易犯错。举个例子来说，如果婴儿似乎跟你一起在床上时更安分，或者在你身边时比在他们的婴儿床上睡得更好，继续这样做会很有吸引力。但是，如果你开始因为婴儿的喜好而改变所做的所有事情，他永远也学不会顺应那些不理想的情况。原则已经建立起来，如果有什么需要调整的事情，这样做的人一定是父母。长远来看，这种情况不会有什么好的结果。如果你想要他们学会在小床上睡觉，那可能会花上你几个无眠之夜，但是孩子会慢慢适应。

我还想提及一致性。你的话语保持前后一致是至关重要的。怎么想就怎么说，怎么说就怎么想。不要违背你说过要给予他们机会的话，对于你设定的各种边界要保持前后一致。一旦孩子们知道可接受的行为边界在何处，他们真的会更加高兴。如果边界根据你的心情而前后不一的话，他们就会不知所措，会变得焦虑，而且最为重要的是他们看到了抓住一些真凭实据的机会——"但是你昨天晚上让我们玩到很晚啊"，等等。如果制定了明确而坚固的边界，那么和平就会降临；如果漏洞百出，那么，当孩子把自己看到的当成是你的弱点，他们就会摇身一变，成为发号施令的人。另外，要与你的另一半保持一致。分而治之是孩子们的目标，所以，你们必须团结。策略达成一致，在必要的时候相互妥协，但是要坚定不移地共进退。

这一点要时刻牢记在心里，对一个不满 5 岁的孩子解释为什么他们的所作所为是错误的可能是在浪费时间，别想着通过这样的做法来影响他们的行为。他们的大脑还不足以理解事情的好坏、对错、爱或是不爱并不是非黑即白的。当我听到一位母亲对小朱莉说："你真不该那样掐你的弟弟，因为这样做不好，你也不喜欢别人那样对你，是吧？"听完之后，我咧嘴笑了。朱莉也只是等着她把话说完。这些话就是惩罚，而且这些惩罚还不算太坏。

然而，我认为从很小的时候就开始跟孩子讲这些事情是一个绝佳的办法，给他们树立起道德伦理的因果关系，诸如"那样做不好，因为……"或者"我希望你像这样做，因为……"。研究表明，他们听到的词汇越多，在学校里的表现就会越好。孩子就像是吸收因果以及同类情况的海绵，所以，就让他们从早期的机遇中吸取有关如何行为处事的各种经验教训。但是，不要把这些解释或指责，错误地当成改变他们行为的必要惩罚，因为这样做很可能会在他们尚未开发的大脑中留下印迹。解释肯定是需要的，然后，适当处罚。

我认为，动物世界有时候是我们寻找智慧的好地方。比如狗妈妈用两种方式惩罚它们的孩子，轻拍小狗的耳朵，或者孤立它。第一种方式在我们的文化中已经不再能被接受，但是，第二种方式如果应用得当，会是一个强大的武器。再看看马群，那些耐心遭到小马驹挑战的母马会把小马驹赶出马群。对于社交型的动物来说，陪伴的安全感被撤销，是一种令人害怕的危险，在古老的记忆中，那里有狼群出没。所以，罚站，或者让孩子在一个没有玩具和电子游戏的房间里独处一段时间，是一种很强大的手段。这种做法不需要太长时间，让他们提心吊胆地在孤独中待得太久，可能会被他们转化成某种"重大情感事件"。这样做的目的只是要明确划定你希望他们遵守的边界。我建议，对于还不会说话的幼儿不超过 5 分钟，已经会讲话的孩子可以延长到 10~15 分钟。从小就用对训练方法，孩子们以后就会自我管理。要是方法用错了，那将会让你抓狂很多年。

对格言 1 的思考

欣赏很容易渗入期望中。认真反思舍与得的平衡。

· 你把哪些正面的理念和行为潜移默化到孩子身上了？

· 你在不经意间把那些负面的理念和行为教给了他们？

· 你可以如何修正训练手段来改变这种情况？

· 以这样的方式来审视你的家庭，你满足了哪些
孩子们训练你去满足他们的期望？

· 这些期望是健康的吗？如果不是，你怎样改变
它们？

格言 2

他们还不是以后要成为的那个样子

　　当我观察现代母亲们的日常生活时，发现她们似乎都面临着不可思议的重压——几乎就像时间退回到了 20 世纪 50 年代，母亲们都在用一些根本不可能达到的家务标准要求自己。我在脸书上看到了很多疲于奔命的母亲，她们会趁孩子上游泳课时抓紧时间在泳池边打个盹，因为之后还要送孩子去上天体物理学课。大家都在拼命工作，努力成为完美的父母，当然，孩子是他们获得成功的标志。这给孩子造成的压力与父母所承受的压力同样大，毫无疑问，孩子们很难有真正的童年时光。我想对父母们说的是：放松点儿吧。

　　无论你做什么，无论你如何努力地工作以求完美，你的孩子都将以不完美来回报你。他们会带着某些问题和某些习得的缺陷长大成人。在这些问题中，有些就来自与你的交流互动。对于孩子来说，你在他们小时候的地位有点儿像神一样，你的每一句话对他们来说都意义重大。但有时候，你会说出很傻的话，也有时候，孩子们会误解你的意思。

　　我接到的咨询电话中，相当一部分是我能否帮助他们解决孩子遇到的问题的，比如怕黑，或者如何多吃蔬菜。

　　如果真正困扰孩子的问题是恐惧，那么显然我会帮忙，但是，我考虑到的却是这些问题在我们学习成为内控型人的过程中会起到什么作用。如果孩子认为，每当生活中出现问题，特雷弗叔叔都会挥舞魔法棒帮他们把问题消除掉的话，那他们长大以后也仍然会等着别人来为自己解决人生中遇到的挑战。认真读读这句格言，反复读，在你眼皮上的这句格言**"你要训练他们，不然他们就会训练你"**下面印上**"他们还不是以后要成为的那个样子"**。这句话太重要了，我要写上两遍。**他们还不是以后要成为的那个样子**。我最小的孩子都30多岁了，我还时不时要吟诵这句格言。我们总是处于变化之中。当然，这一点在儿童时代再真实不过了。你怎么知道你担心的事情，比如害怕黑暗，不会对他们成年后的人格有影响？留点儿空间给孩子，让他自己去解决困扰着他的问题，或者从问题中走出来。如果他们跌倒了，让他们自己找到站起来的办法。让他们知道你就在那里，但是不要立马解救他们，因为这会让他们在30岁的时候仍然等着你来解救。

　　最近，我有机会可以在斯里兰卡躺在池塘边的一把躺椅上很惬意地观察一个猴群。有一次，我发现一只小猴子离开猴群去池子里喝完水后，可怜兮兮地呼叫它的妈妈。没等它叫几声，母猴就做出了回应，但并不是跑向小猴子，而是挪动到一个小猴子视线能及的、距离它五六米远的地方。母猴似乎是故意的，表达出来的意思很明显：我在这里，但是你得自己过来。小猴子跃了过去，并得到了一个拥抱，作为对它行为的奖励。

我记得很多年前在花园里得到了小侄女给我的一次"帮助"。她当时大概 8 岁，在用一把小铲子刨地，而太阳镜老是滑落到她的鼻梁上。这种情况让她很是恼火，最终，必须得做点儿什么了，于是她干脆取下眼镜。然后，她看着我，把眼镜朝我递过来。"我不要这个眼镜。"我说。她想了一会儿，四周看了看，然后又把眼镜架到了鼻梁上！这是典型的外控型表现。如果那时我更懂得教育孩子，我会说："你还可以拿它怎么办？"并引导她得出自己的解决方案。我们最近跟她一起吃午饭时的发现验证了"他们还不是以后要成为的那个样子"这句话。她现在是一位刚 20 岁出头的元气满满的妙龄女子，在一家酒吧兼职挣自己上大学的学费。我们刚听说她在从酒窖往上面搬酒箱时跌倒了，造成肩膀脱臼，但是我们一直不知道她当时是如何应对的。"我不想小题大做，所以背靠着墙把它扳回原位了。"从那个戴着太阳镜的小女孩算起，她已经经历了很多。我们依然还不是以后要成为的那个样子。

　　我坚定地认为，替孩子解决问题的做法剥夺了一项对他们至关重要的生活技能，就像不让他们经历刻骨铭心的失败，会无法让他们做好成年的准备一样。这就是我为什么支持竞技体育活动，反对提倡"共赢"的体育节的学校风尚。如果不让孩子们经历失败，给他们留下了世界就是这样的假象，那么，离开学校后生活就会给他们带来巨大的震撼。培养孩子相信他们就是宇宙的中心，哪怕是家庭的中心，也同样不可取。许多孩子似乎都觉得世界欠他们一辈子，我认为，"我的孩子就是个奇迹"的想法对此负有主要责任。自恋这种毁灭性的情感，在最近的几代人里增长显著，而且，《我世代》（*Generation Me*）一书的作者简·特文格（Jean Twenge）对此有这样的说法，"……最常见的模式是过分溺爱的家教（过分赞赏、把孩子捧得太高、什么都可以以及很少约束）导致他们后来在生活中的自恋"。父母告诉你说你简直太优秀了，而且你随便写点儿什么就是莎士比亚再世，这样做是完全错误的。毫无疑问，可怜的孩子们满怀着让全世界拜倒在自己脚下的期望离开学校，当这个世界实实在在地让他们证明自己价值的时候，无疑对他们是当头一棒。请参阅我前面说过的，接受失败，并教会他们拥有谦卑的心态。

　　在我还是孩子的时候，我父母定的规矩是："小孩子必须是人到，而不是声到。"我不同意这种做法。在我的家里，孩子都有发言权，但并不是同样的发言权。我们的家庭不会围绕着他们的需求转。有时候，他们得不到期望的东西，因为那个东西不适合，或者被别人捷足先登了，而有些时候，我们使尽了吃奶的力气也要把他们的需求置于首位。那是一系列的妥协，而为什么要做那些妥协我们会跟他们讲清楚。他们并不总是同意这些做法，或者理解不了我们的苦心，但是，至少他们会知道，有些事情涉及其他人，需要充分考虑。我在当下很多家庭里看到的却不是这样。我认为是时候重新调整一下平衡点，重塑成年人在家庭里的重要地位了。

对格言 2 的思考

· 就我的孩子来说，我会担心什么？

· 等他们成年后，这些担心依然还会是问题吗？

· 如何把这些担心变成他们现在的学习机会？

· 在这件事上可以培养他们哪些优点？如何培养？

格言 3

奖励并不总是能激励他们

目前，科学只认证了两种驱动我们的动力，一种是生物学动力，一种是环境动力，基本上是满足生存需要的食物、性、居所，和像金钱、商品、荣誉、对失去和批评的回避或者对收回许可的恐惧等事物。正如你看到的，这些全都是依赖于外部世界，或者与外部世界有关的东西，也基于这个理由，这些动机被看成是外在动机。它们也囊括了大部分人们用于驱使他人的"萝卜"和"大棒"。从考试通过了给的奖励或者金钱这类"萝卜"，到威胁没收或者取消游戏机的这类"大棒"，都是让大家（包括你的孩子们）做事情的经典方式。而效果却不见得有想象的那么好，这一点很让人不解。快乐原则认为，我们会更愿意去做能让自己得到奖赏的事情。然而，大量的研究证明，靠外部激励做事的人比那些靠内因驱动做事或不计报酬的人效率更低。"如果怎样那么怎样"的奖励或者惩罚方式（如果你数学考试及格，那么我们给你 10 英镑）在短期内也许会提升孩子的表现，但是，从长期看，孩子往往会失去对该任务或学科的兴趣。所以，为了让孩子继续练琴而给他们点儿甜头或许会让他们通过音乐课的考试，但是，也可能会让他们此后终生都不愿再碰那件乐器。另外，因奖励释放出来的多巴胺也倾向于随着时间的推移而下降，所以，要获得同样的效果，奖励就得不断节节加码。

　　所以，如何让孩子去清扫他自己的房间？从一开始，就必须没有任何讨价还价的余地。必须要做，而且由他们去做。在他们从那种创伤中恢复之后，一般有三件事可以从做日常家务或者平凡任务的人身上挤压出他们的最佳表现。第一，告诉他们一个需要去做的理由。我们的因果大脑意味着我们非常喜欢找一个理由。"因为"这个词的影响堪称神奇（除非它后面跟着"我说过……"）。在一项经典实验里，一队人在办公室里排队等着使用一台繁忙的复印机。一位女士拿着一张纸进来问："我可以先印吗？"正如你预想的，即便在英国，答案都是一句简单的"不行"。实验者一直等到排队的人完全都是新面孔的时候，又重复该请求，而且多了一个变化。这一次，女士补充了一句："因为我只要复印一页。"令人奇怪的是，排队的人中居然有 60% 的人同意了，尽管他们中有的人也只复印一页！"因为"拥有很大的影响力。如果想让孩子清扫自己的房间，请给他们一个理由。如果还是一个对他们很重要的理由，那就再好不过了，但是"因为有损身体健康"这句不算。

第二，承认这项工作不好玩。共鸣可以持续很长时间。

第三，允许他们用自己的方式去做。这样做不仅符合养成他们坚毅品质的目标，而且有研究证明，不被别人指示如何做，能够提升我们做事情的意愿。交给他们任务，然后由他们想出如何完成任务的各种具体措施，他们的故事积极性通常会比较高。

此外，这里还有一点或许有所帮助的小诀窍。用一个小故事来说明。我儿子斯图尔特曾经让我抓狂。在我走进他卧室的时候，看着眼前犹如末日降临的景象便脱口而出："天哪，这间卧室就像个垃圾场。"他从电脑前抬起了头，很给我面子，也环顾了整个房间，好像他也感觉到了同样的震惊，并且认同了我的说法。带着些许安慰，我走开了。一个小时之后，我又走进来，强压住心中的怒火："我想我告诉过你把这间屋子清扫干净！"斯图尔特以难以置信的惊讶辩解道："你没有！""我有。现在，清扫干净。""好吧。"他用他青少年的方式应承下来，好像这是世界上最糟糕的事情一样。但是，他没有动。"那就动手啊。"我催促道。"我会的。"他说。"我的意思是现在。立刻。马上。"最终，他确实动了。他的身体动，我的血压动。

　　直到明白了人与人之间存在着某种差异的时候，我才弄清楚这是怎么回事。人类作为一个整体，倾向于以下两种情况中的某一种，"字面型"或"推断型"。如果我对你说"我渴了"，而你回答"哦，是吗？"就说明你可能是一个字面型的人——只是按照字面意思提取我话语中的信息。如果你回答"哦，是吗？要杯水吗？"那么你可能就更偏向于推断型——透过别人的话语寻找行为要求。在任何关系中，了解这一点都很重要。对于一个推断型的人来说，在生日前一个星期，在手指着商店橱窗里的某件商品的同时跟配偶讲"我真的喜欢那个"，就跟把涂着彩色指甲油的大手指放到挂着标牌的商品上说"这就是我想要的"的意思是一样的。但是，如果你与一位字面型的人相处，在生日那天，你看到的很可能会是一件随机出现的礼物。与此相反，字面型的人认为方块就是方块，而且会明确地说出他们想要什么。时间退回到我当警察的时候，我记得班上一位即将转到另一个警务站的女警官，某天上午夹着一份阿格斯百货的价目表来参加晨会。她对聚在一起的那些人宣布说："你们大家都知道我要走了，应该有份纪念品，这就是我想要的。"并指引我们看向一件用圆珠笔圈起来的首饰，然后抹着眼泪出去了。我现在意识到，没有为她的纪念品出钱的就属于推断型的人。我是他们中的一员。简直无礼至极。

　　推断型的人觉得字面型的人直率、讨厌、无礼，而且缺乏社交敏锐度。他们觉得很难直接讲出自己想要什么，而倾向于暗示或者以兜圈子的方式提出来，有时候甚至是推理的方式。字面型的人觉得推断型的人木讷、暧昧而且犹犹豫豫，感觉好像希望人人都懂得读心术。"不问不得"是他们的座右铭。回到我儿子的房间这件事情上，你可以从中看明白所发生的一切。我属于推断型的人。对我来说，说"天哪，这间卧室就像个垃圾场"就是个明确无误的指令。对于我那位字面型的儿子来说，则只是一句事实性的评述。事实上，他是如此字面型，以至于"现在"对他来说不一定意味着此时此刻。一旦我们意识到了两人之间存在的这个问题，情况就有了极大的改善。他学会了避免直接的请求，因为这样的请求往往会遭到拒绝，而我学会了非常明确地告诉他我的期待是什么。我在这个时刻会想象有很多灯泡在发光。

　　回到动机问题上，能够改变孩子动机的东西被称为"汤姆·索亚效应（Sawyer Effect）"，这个叫法是为了纪念汤姆·索亚，他通过说服身边的朋友，让他们相信粉刷围栏是件有趣的事情，从而让他们替他做了这项本应由他完成的任务。用马克·吐温的话来说，"工作中总有一些有人愿意做的事情，游戏中总有一些有人不愿意做的事情"。如果能够让某项任务变得有趣，或者像个游戏，那么，完成这项任务的艰辛就会少很多。这就是很多前途无量的年轻业余运动员在比赛的乐趣被职业体育中必需的、长期性的专注所取代就陨落的原因。当运动员不再喜欢自己在做的事情，他们很可能就丧失了曾经让自己闪耀的锋芒。

　　一直以来都有一些促使孩子们去做某些你以为有用或者必要的事情的传统手段，当你发现这些做法实际上并不是很有效的时候，你会有些吃惊。然而，当你审视一下我们已经有多长时间不擅长让孩子做那些我们要求他们做的事情的时候，这就不应该是什么值得大惊小怪的事情了；似乎没有任何人检查过它是否真的有效就把它当成是好的教养实践传承给了我们。但是，有一种更有效的东西，这种东西叫作内部动机，下面我进行具体解释。

　　有件你可以多多利用的东西是好奇心。一位名叫理查德·瑞安（Richard Ryan）的教授声称，"关于我们的本性，如果说有什么根本性的东西存在的话，那就是对兴趣的容纳能力。有些东西助力它，有些东西妨碍它"。我认为对于绝大多数的人来说，这种说法是完全正确的，而且我为曾经碰到过的那些对任何事情似乎都没有表现出任何好奇心的极少数人感到很是遗憾。自我决定理论（Self-Determination Theory）是获得激励的一条途径，对应了内控型的很多特征。这个理论最初由爱德华·德西（Edward Deci）以及前述的理查德·瑞安提出，理查德·瑞安是罗切斯特大学（Rochester University）的教授。德西强调了内部动机的 6 个关键成分，他说，"我们具有一种与生俱来的倾向，总是想寻求新奇和挑战，扩展并提升我们的能力，去探索，去学习"。

也就是：

· 新奇
· 挑战
· 扩展能力
· 提升能力
· 探索
· 学习

你是否注意到，上面的每一个词都属于"成长"词汇？

就是通过这 6 个元素，我们能够促使孩子去学习，并教育他们如何在整个人生中激励自己。在任何想要激励他们的情形中，问问自己："**有什么新奇的事情能以某种方式挑战他们，让他们去体验、探索，并培养他们的能力？**"

每一种情形都将提供不一样的机会让他们专注于这 6 个伟大属性中的一个、多个或者全部。每一种情形中都存在可能性，至少，如果你相信存在可能性，就更有可能找到可能性。很多的重大发现来自很多人之前已经做过，但是他们从中看到了某些新的东西的事情。我可以保证，那 6 个成长元素中应该有一个已经出现在了他们的心态里。你作为父母面临的挑战是指导孩子在任何面对挑战的时候都使用这些元素，但是**不能用太过于命令式的语气**，我会告诉你为什么这一点是重要的。**自主意识对于内部动机来说至关重要，这是一种来自选择和个人意志感觉的行动意识**。研究证明，它会让你在学习上得到更高的分数，在任何活动中具有更坚定的毅力，更高的生产力，更少垮掉的情况，更强烈的幸福感。所以说，在控制选择的过程中，感觉是个大事情。它与我的内控型说法完美同步。只要有可能（当然，这主要取决于任务性质以及孩子的年龄），尽可能地赋予他们对任务的控制权，包括时间进度、完成任务的方式以及他们想与谁一起完成任务。在所有这些领域里，他们感觉到的自己选择的权力越大，在完成任务的过程中获得自我激励的可能性就会更大。当我把这种想法应用到我儿子和他的房间上时，我应该做的事情就是给他提出一个希望他完成这项任务的时间进度，让他知道哪些材料是现成的，看看是否有让工作变得有趣或者有竞争性的方法，并且找到做这件事情对他的好处，而不需要涉及外部的奖励。

　　当你想象一下巴塔哥尼亚的阿拉卡卢夫人（Alacaluf）鼓励年仅 4 岁的孩子自己去谋生，用梭镖捕获贝类，自己做饭的情形，就会明白，在有关孩子自主选择的能力方面，我们做出了非常不一样的假设。而且，阿拉卡卢夫人的孩子没有遭遇沮丧和焦虑的折磨。所以，在孩子处于儿童时期的每一个阶段里，问问自己："我们能够交多少责任给他们自己去承担？"随着这样的做法变成一种习惯，你就会非常吃惊地看到他们变得有多么独立，以及他们会如何因此而茁壮成长。

对格言 3 的思考

在符合这个主题的那些情形下，问问自己：

· 这里有什么新奇的事情能以某种方式挑战他们，让他们去体验、探索，培养他们的能力？

· 我们可以交给他们承担多少责任？

· 6 个成长元素中的哪一个在这种情况下会最为有用？

· 在假日（在家或者外出）等情况下，可以为他们创造什么样的新鲜体验，作为与上述情况有关的延伸？

· 每个月，挑出 6 个成长元素中的一个，大家共同讨论可以开展什么样的家庭项目，可以是大家一起的，也可以是独自分开的。每个月月末，腾出一点儿家庭时间，报告进展情况。如果能够有规律地做这件事情，选定一个目标并监测实现目标的进度情况，这将会成为一个富有成效的好习惯。

· 审视躲在他们做什么或者不做什么能够"安全"后面的那些假设条件。这些假设确实是正确的吗？你能够信任孩子，让他们承担更大的责任吗？

格言 4

少给他们一点儿并不是坏事

我很不能理解，确保孩子不心烦怎么居然成了父母的责任？不知道从什么时候起，孩子的每时每刻都必须要用某种消遣娱乐来填满，否则就是父母某种程度上的失职。如此众多的孩子都被那些用来取悦他们的多如牛毛的东西包围，致使他们永远也学不会如何让自己快乐。我认为这是人类的一种耻辱，因为让自己快乐的能力是成长为一个有创造力的成年人的根本能力。当你送给幼儿一份包装好的礼物，最终的结局会是什么情况？对，他对包装盒的兴趣与对礼物的兴趣一样大。在那个年龄段，他们还不了解这两者之间的区别。这两者在可能性上是同等的，这种可能性只会受限于孩子的想象力。

在不经意间，通过给他们越来越多的东西，我们限制了孩子们的想象力，因为需要他们想象的空间越来越小。我儿童时代最喜欢的玩具是机动人。很多个生日，我都期盼着为它争取到更多的制服，但是这些制服永远都不曾涵盖我所有的兴趣。我记得，我用卷筒纸的纸芯给它做了盾牌和头盔，用我画上了链甲的蛙人的潜水服做它的盔甲，而且我找到了看起来像一把小剑的一次性取食签。现在回想起来，我意识到我对那些活动的沉迷包含了很多内部动机建设的元素，同时又引入了某种提高创造力的东西：约束。如果我的父母给我买了一套骑士的装备，那我原创的机会显而易见地会降低为零。如果我信手拈来了制作所需的所有材料，那也会降低我的创造力，这听起来似乎有点儿反直觉。研究证明，对某项活动引入约束条件，也就是某种类型的限制，会提高我们的想象力。制作骑士行头时只有有限的材料，迫使我的大脑想出了新的解决方案，这对我是个挑战，而且促使我探索了一系列不同的可能性。结果就是我的能力得到了拓展。

我得到了参观自己最喜欢的艺术家位于诺福克北海岸的画室的机会。雷切尔·洛克伍德（Rachel Lockwood）是一位杰出的自然派画家，我发现，她随时都有3~4幅不同的画作同时在创作中，这些画作分别处于从最初的轮廓勾描到可以静坐片刻看看它是否已经完工的各个阶段。她分享的有关艺术创作流程的一个观点真的让我眼前一亮。她说："当我画出一个线条的时候，光是看到它带我去的那个地方，就会让我激动不已。"线条还不算是任何东西，不是树叶的边沿也不是兔子的肚皮，就只是一条线而已。随后，她让自己的想象力把它变成某种东西。画作的其他部分就从最初的约束中展现出来。在纸上随手画一笔，告诉孩子把它变成一个动物，应该就是同样的情况。

明白了约束的价值，让我对我父亲又产生了新的崇拜。终其一生，他都是一位废物利用大师。我从来没有看见他使用正确的工具或者材料正常地做过一件事，但是，他所做的事情就算并不总是令人称道，却也都卓有成效。我常常在想，他是不是本来可以"正常地"做事情却故意不做，他似乎就是太过于喜欢修修补补了。现在我认识到他教给了我一个多么有价值的技能，也意识到他是一位多么富有创造力的人。**教会孩子如何利用现有资源是培养一位有创造力的成年人的基石。**

所以，少给他们一些。给他们那些不是由别人的想象力创造出来的东西。给他们那些可以用来创造某些别的东西的东西。乐高拼图很了不起。它让你有了一个地方去学会按照说明书，根据设计人员的想象，制作一个空间站，但是，它还有一个更了不起的价值，你可以坐在各种模块当中，指导孩子制作出他们想象中的空间站。

给他们时间。具有创造性的人会花大量的时间凝望太空。正如成龙在评论《功夫梦》中他所扮演的角色韩先生时所说的："保持静止和什么也不做是两件完全不同的事情。"
这种情况我已经多次应用在了我妻子身上。我们分属于两
种不同的思维模式。第一种是敏捷、能言善辩而且"左脑式
的"，我们的文化倾向于看重这种情况。第二种比较缓慢，
通常以想象力和隐喻发挥作用，而且更偏向于"右脑式的"。
尽管我们鼓励孩子专注和集中注意力，而且在上课时把这种
情况看成是一个好学生的标准，但是，反而是那些经常出现
精神不集中、心不在焉的情况，而且似乎不能坚持完成任务
的孩子似乎更有可能提出新的想法。凝视太空的孩子有可能
就是那个发明曲率驱动把我们带入太空的孩子。历史长河里
不乏那些带来巨大发现的异想天开时刻。

　　美国 128 号公路上 46.58 路标标示的是一小段很不起眼
的道路，但是，就是在这里，记录了一个灵光一现的光辉时
刻。凯利·穆利斯（Kary Mullis）是一位生物化学家，正在
应对分子生物学上的一个重大挑战。在一次漫长的夜间驾驶
过程中，雨刮器开着，他所有的心思都在琢磨各种不断冒出
来的想法，直到一个茅塞顿开的时刻，一个新的发现闪现在
脑海里。46.58 是他把车靠路边停下，把这个想法潦草地记
录下来的地方。这个发现就是 PCR（聚合酶链式反应）。你
可能没有听说过这个词，但是，要是没有它，基因组排序所
需要的时间或许要往后延长数年之久。它广泛应用于医学和
法医诊断上。它非常重要，《纽约时报》评价它，"高度地原

创而意义重大，本质上把生物学区分为 PCR 之前和 PCR 之后两个时代"。还是不够震撼吗？他的公司奖励给他 10,000 美元的奖金。还是不够？他们出售这个专利赚了 3 亿美元。现在轮到他处变不惊了，甚至获得诺贝尔奖都没让他感觉到格外的欣喜。

有些时候，想法得有个冒泡和酝酿的过程，然后才会浮现在意识中。留给孩子凝神的时间，而不是非得遵循墙上计划表的调整，帮助他们养成那种较慢但是多产的思维习惯，让你不用忙于每时每刻地管着他们。想象一下这种美妙的情形：你的生活中不会再因为孩子感觉无聊而觉得自己做错了什么，也不会因为他们不一直在各种俱乐部和活动之间疲于奔命，就觉得自己不是称职的父母。让他们明白，无聊是他们自己的选择。让他们去揭示来自沉默和依靠自我的那些东西。

少给他们一点儿，以便让他们学会创造更多。

关于格言 4 的思考

问自己一些问题，比如：

· 我替孩子处理问题的频率有多高？

- 我如何能够把更多"建设性的困难"引入他们的活动中？
- 我对他们的无聊是什么样的反应？能对他们有用吗？
- 我如何引入一种限制条件，使他们必须得自己解决问题或者让自己变得更具创造力？

生活的意义由你自己赋予

苏格拉底曾经说过，浑浑噩噩的生活不值得过。对于这个说法我不是太了解，但是我真的认为认真探索的生活会过得更好。我已经说清楚了大脑如何把当前的事情与我们过去的经验联系起来，创造我们对现实的印象，并以此结果创造我们对未来的期望。我也提出了我们认为自己是什么样子，很大程度上取决于我们的生活故事需要一个什么样的主角；还有就是我们对自我的实际感觉只是大脑的一种虚构，简单来说，就是你人生体验的简单求和。因而，它遵循这样的原则，如果你可以改变自己的记忆，就可以改变自我的感受，也就是说，认知催眠疗法的建议是完全可行的。

我们知道，我们那颗具有可塑性的大脑从出生之前到去世的那一刻一直在学习和改变之中。研究证实，我们的记忆不是刻写在石板上，也不是存储在档案室里，甚至不是准确无误的。一直以来都有人认为，就算是回想一段记忆也会改变这段记忆，因为它是通过你当前的认知而被看到的。我已经治疗了大量有创伤记忆或者记忆障碍的客户，这些人经过短暂的治疗后都能够更加客观地看待自己，而且他们的生活也不再受那些过去事件的影响。我完全相信我们有能力改变对过去的认知，并因此改变当下对自己的认知。如果孩子学会如何按照原本的情况解读正发生在自己身上的事情，让这些事情没有机会变成蝴蝶事件，更不会扩大为某种更加严重的事件，结果会不会更好呢？虽然不可能彻底地制止这种情况的发生（所有看到此处的治疗师可以把心放到肚子里），但是我们可以为孩子提供工具，让他们培养出一种内控型的感觉，通过反思那些发生在自己身上的事情，指导自己的大脑去创造正确的因果结论，或者最合适的等价物。我在稍早前谈到过用这个问题——"为什么说这个问题跟我无关？"——来鼓励形成一种正面的解读风格。这部分内容讲的就是如何培养这种技能。

把故事讲对

　　让我们从教会孩子成为自己人生故事的编辑开始。孩子会觉得一切事情都与自己有关，所以，以正面的方式重构一个负面事件的目的有两个：让事情变得与"他们自己"无关，并且用可能从中产生的正面的东西武装他们。

例如，如果孩子因为与某个人，比如某位朋友或者老师产生不愉快，回到家里时满脸的不高兴，下面这些就是很好的重构问题（重构的意思是帮助大家从不同的角度来看待事情），这些问题我已经验证过，确实很有帮助：

· 为什么发生的事情与你个人无关？（为什么这件事情与别人、当时的情况，或者他们的行为有关，而与他们个人无关？）
· 你也会以那样的方式对待别人吗？
· 是什么让他们那样行为处事？
· 所以这是关于你个人的，还是跟他们有关的？
· 你对自己做出的反应还算满意吗？下一次你会有什么不同的做法？
· 有什么事情会阻止你那样做吗？
· 它真的一定会阻止你吗？（可以引入这个问题："如果它没有阻止你，你会是什么样子？"这会有非常强大的效果。）

显然，这些问题如何解决取决于你获得的反馈，以及面临的形势。我不认为这些问题必须像处方一样地严格遵从，它们更像是帮你介入让他们认识到事情与他们无关的东西。

如果他们对某件事情感到难过，比如没有通过某个科目的考试，或者没有被选入某个运动队，那就试试下面这些问题：

· 什么让你觉得应该这样？
· 什么让你觉得不应该这样？
· 从晚一点儿得到你想要的东西这件事情中，你能学到什么？
· 想要以这种方法开始，你能够做的第一件事是什么？
· 你具备的什么优点对你会有所帮助？
· 你更喜欢什么？
· 为了更好地获得你刚回答的那些东西，你能做什么？

这些问题是为十多岁的孩子而设计的，这个年龄的孩子有能力进行这种类型的分析。如果孩子还不到 10 岁，注意倾听他们对所发生的事情做的种种联系，并重构这些问题，也就是倾听他们的"因为"以及等价物。

反思的过程

让孩子关注自己的优点是一个不错的想法。如果我问客户他们喜欢自己的哪些方面，他们常常会像金鱼那样噘噘嘴，然后才会吞吞吐吐地提到对动物友善。如果我改变策略，问他们不喜欢自己的哪些方面，他们将毫不费力地列出一长串的清单。鼓励孩子更有意识地认识自己的优势和优点，帮助他们强化这些优势和优点，并学会使用和信任这些优势和优点。我的学生汤姆给我讲了一个他与妻子吉尔做过的有意思的练习，如果你觉得自己的孩子年龄和脾气比较适合的话，我建议你跟孩子们也做做这个练习。在他们的女儿霍莉 11 岁刚刚升入中学的时候，他们认为，列出一份他们和她的妹妹认为她擅长的事情清单来，可能会是一个很好的帮助她提高自信心的方法。这份清单上列有：

钢琴	小提琴
友善	唱歌
游戏 / 体育运动	关心别人
跳舞	理解别人的感情
漂亮	好公民
照顾他人	美丽
有才华	可靠
坚强	勇敢
游泳	公正
分享	好朋友
跑步	好姐姐

成为霍莉！

　　他们随后把这份清单打印出来，贴到她的衣柜门上，让她每天都看得到，每当她感觉情绪低落，或者需要安慰的时候，它就会像一张提示语在提醒她。

　　之后，在霍莉 13 岁的时候，汤姆发现清单上有几个项目已经被划掉了。具体如下：

　　钢琴
　　漂亮
　　美丽
　　好朋友

　　用他的话来说："最初我被惊吓到了，尤其是涉及她的自我形象的那些内容。'钢琴'我理解，因为她早已不再弹了。我们都了解她经历了朋友圈出问题的艰难时光，所以'好朋友'也好理解。这种情况下，我们能做的就是和她一起坐下来，进行一场'这到底是怎么回事'的对话。她的自尊已经变得如此之低让我们十分吃惊，而且这看起来如此关联并取决于（她的世界里的）学校或友情的状况。很明显，她对朋友对她的看法的看重程度，远远超出了妈妈爸爸对她的看法。"

　　汤姆和他的妻子重新讨论了这份清单，只让霍莉把自己喜欢的那些内容纳入其中。

经过反思，他们觉得好处有：

· 经常提醒她自己的能力所在。我们生活在一个不鼓励
　宣扬自己技能的世界里，事实上，很多时候这种行为
　会被看成是在吹牛。
· 帮助她形成了自己的身份认知。
· 这是在感觉情绪低落和满是自我怀疑的时候，她可以
　看看的东西。
· 当事情做错了时，提供一个警示。
· 重新讨论的过程为汤姆和他的妻子提供了一个绝佳的
　机会，可以和她沟通那些他们或许没有意识到但却在
　困扰她的事情。

　　汤姆和吉尔的这个事情让我想起了一周之前在阿姆斯特
丹之旅中看到的情况。我们去了安妮·弗兰克博物馆——一
个在你女儿到了合适的年纪之后的必去之地。这是一次非常
感人的体验。参观的最后是一部短片，在短片中，安妮的父
亲奥托谈起了首次看到她的日记以及日记中的内容带给他的
惊奇。他曾经认为自己跟安妮很亲近，然而，很多他看到的
内容他都一无所知。他由此得出结论，他很怀疑，是否有谁
真正了解自己的孩子。要是你认真想一下父母有多不懂你，
就很难不同意他的说法。成为孩子反思过程的组成部分或许

是改正这个问题的某种方式。所以，作为汤姆练习的补充，我提出如下建议，而且建议主要以中学年龄段的孩子为主：让所有家庭成员都写下彼此的优点。给每位成员都列出一份清单来。

当你们中的任何人取得了让家庭里的其他人瞩目的任何正面成就的时候，看看该成员的属性清单，看看清单上面哪些是该成就的促成因素。所有人都有权提出对某个成就的关注，而不只是取得该成就的人（这是为了防止性格内向者故意掩盖自己的光芒）。在这个过程中，随时都可以往这些清单上添加内容。寻找理由把坚韧不拔和坚毅果敢包括进去，我在本书后面会解释为什么要这样做。把这样的做法立为家规，就大家的成就召开反馈会议，因此，重点不只是放在孩子们身上，还要让他们学会把儿童时代看成是一个更伟大的进程的组成部分。如果回头参阅我之前关注什么就得到什么的观点，你就会明白这项练习为什么会如此重要了。

尽量只看生活的光明面

悲观者在每个机会中都看到困难；乐观者在每个困难中都看到机会。

——温斯顿·丘吉尔

有关反思和它如何与我们的理念体系相联系的话题，还有最后的几个重点。倾听孩子解释事情为什么发生，以及他们对此的感觉，这些都很重要。我之前说过，这是他们的解释风格。时刻留意，在他们的早期岁月里，要把你的观点传递给他们是多么容易；无论如何，这是培养孩子的重要内容。大部分相信他们所信仰的宗教是真理的人，只是碰巧出生在信仰该宗教的人家里，这一点绝非偶然。当然，你希望孩子信奉你的很多理念，但是那些有局限性的怎么办？我遇见过很多这样的客户，他们的厌恶是从父母那里原封不动地"抄"来的，也有的是在相信世界是个充满了危险的地方的氛围中长大的，还有的认为不能相信别人，因为他们太过频繁地从父母身上接触到了这种具体的现实问题。变成你想在孩子身上看到的那个样子。

在他们身上安装一套乐观的理念体系就像让他们对苦难免疫。要想不让他们坐到我的治疗椅上，没有什么比乐观合适的东西了。曾经有人对一组修女进行过这样一项研究，在她们首次起誓的时候，写下她们对这一辈子的希望。她们的这份誓言被按照乐观和悲观进行分类，然后按照她们整个的人生经历进行对照检查。得到的结果就是，在85岁的时候，乐观的人有90%的人仍然健在，而悲观的人只有34%，而且觉得自己可能已经大限将至了。

我是个极大的乐观主义者，而我的妻子则不那么乐观，这个简单的差异在我们对事物的解读中也造成了区别，这种情况对我们二人都很有教育意义。如果我看到蓝天，会预期有一个大晴天，贝克斯则会忧虑蓝天能持续多久。曾经有那么几次，她对潜在灾难的关注让我们成功避开了灾难的发生。悲观主义者肯定有其存在的理由，我只是认为它应该是那种很小的悲观，只是会时不时地出现，而不要太过于频繁。基本上，对于我来说，如果悲观主义是你主要的思想倾向，那么它折断生活绽放玫瑰的频率会超过必要的次数；你的思维模式倾向于成为由戒备主导的那种模式。

看看下面这些字母：

Opportunityisnowhere（机会就在此时此刻 / 机会哪儿都没有）

你看到的是什么？有两种选择。你的大脑最先发现的是哪一个，有可能会影响你对生活做出的反应，你认为对吗？

当某种负面情况发生在悲观者的身上时，他们倾向于对此持有我在本书前面提到过的三种信念。第一种，某种程度上，它发生在他们身上是他们自己的原因——这是**个人的**。第二种，他们觉得它是**永久的**。而第三种，它很可能变成**普遍性的**，一个单纯的事件成了他们整个人生的代表。有人会在人生大事——比如裁员——发生之后来找我。我听到他们说过这样的事情："他们让我走人，我认为原因是经理不喜欢我，而且我并不真正符合公司的需要。我完了，我把10年的人生给了这家公司——现在谁还会要我？我们可能要失去住房，孩子们会恨我，因为我们没有能力送他们去参加学校的滑雪节，甚至我妻子对我的态度也会跟以前不一样。我是个彻彻底底的失败者。"如果认真地看，你能够在这个故事里看出悲观解读风格的所有三种元素。

把他与一位来找我做教练的乐观者的情况做个比较。"我被裁员了，多少受到了点儿打击，但是这也是个机会。我预计到了会有这一天，公司需要重组，我的职位对他们未来需要做的事情不是非常合适。家庭会需要做一点儿调整，但是我已经有了一些可能真的很好的想法。我很激动。"

乐观者活得更久、更健康、更少受压力和沮丧的折磨，而且似乎能拥有更为甜蜜的爱情。教会10岁大的孩子进行乐观思考的技能，可以把青春期沮丧的发生率降低一半。

影响这种情况的主要手段是解释的风格。只要你的孩子或者你身上有事情发生，尤其是以感情为主的那些事情，心里时刻牢记这三个因素。如果他们打坏了什么东西，你做出这样的反应："你怎么这么笨手笨脚的！浑身上下简直是一无是处，碰什么就毁掉什么！"你就把这个事情变成了个人的、永久的而且普遍性的。如果这是你习惯性的解释风格，一段时间之后，你就会在孩子心里造成一种悲观心态。这并不是说对于那些你希望他们顺应的行为，或者你想要他们能够从中学习的情形，你就可以放手让他们胡作非为（如果他们在花瓶旁边玩球，那么多留心一点儿就不会有下次了），而是在避免上面提到的三个因素的同时，解释清楚你想让那个事件有什么意义。"这些事情偶尔会发生，但是如果你仔细想一下可能会造成什么后果，就不会经常发生了。你学东西很快，我想不会再有这样的情况发生了。"

如果他们没能进入足球队，带着失望回到家里，而且说："他们不要我。我就是垃圾，永远都不会有用。"留意他们已经如何击中了我们想要他们避开的所有三种悲观解释风格的元素。要是他们在玩足球时也有同样的准头该多好。对于失败和从挫折中提升所需的心态，后面我还会详细地讨论，现在我想说，我认为随声附和这种对他们的否定没有任何意义，比如"嗯，他们做的其实没错，其他人确实是比你强一点儿，你更擅长其他事情"。此时此刻，其他事情没有任何的意义，你孩子生命中最为重要的事情是足球，因为它是目前他自我感受的焦点。我会在对他个人能力的评估中附和他，然后想办法让它成为暂时性的情况。"你可能还不够好，所以，我们只需要弄清楚你怎样才能变得更好，并且有针对性地去练习。伊恩·赖特（Ian Wright）曾经落选两支足球队，你看他现在多厉害"——也就是说，这或许跟他的能力有关，但是不一定永远都是这样。不要暗示这和他足球之外的任何能力有关。而且关于伊恩·赖特，情况也确实如此。他在加入职业队的试训中失败了好几次，最终在替一家周日联赛队踢球时才被水晶宫队的球探发现。

乐观的一个关键成分是希望。在我的客户中，缺失这个成分是具有潜在自杀风险的最大指标。孩子们一般都极大地、永恒地满怀着希望，就像我的狗狗一样。每天，它们都坐在树下，盯着栖息在树枝上的一只斑鸠，斑鸠用一种蔑视的眼光俯视着它们（那是只假斑鸠）。它们一直认为，某天那只斑鸠可能会忘了怎么蹲坐和飞翔，并且跌落到它们的脚下。孩子们，尤其是不满 7 岁的孩子，就是这个样子，大多有这样的想法，并且一直保持到进入青春期。之后，他们放弃了很多这样的想法。我在想，是不是因为我们总教育他们要更加"现实一点儿"？（像我一样）相信我们创造了自己的现实，希望似乎是我们一生都应该保留的有用工具。如果我们能够在孩子的思想里把满怀希望与采取行动关联，与拥有关于失败的正确心态关联，那么他们就会永不放弃，对他们能够取得的成就总是保持着乐观的态度，并且在对成就的追求过程中变成内控型的人。

对格言 5 的思考

· 让家里所有人写下其他人的优点。让每个人都有一份清单，并且定期以家庭的名义对照检查。把它打造成一次"优点派对"。

· 反思自己最近的解释风格。你会避开悲观者的三种错误吗？

格言 6

他们不是麻烦，只是跟你不一样

我们思维中一个最根本性的错误就是**总认为所有人都在用跟我们一样的方式思考**。事实上，人与人之间存在着一系列的差异，在描述我们的个人性格方面，这些差异的独特组合会给我们带来非常大的帮助。这些差异解释了有关自我的很多问题，也解释了很多让你对某些人（包括你的孩子）抓狂的问题。在我写的《爱情鸟》一书中，我谈到过夫妻间，以及很多亲密关系中经常会面对的挑战。我在其中找出了一些重要的差异，并按重要程度把这些差异分成了 6 种类型，粗略（非常粗略）地以具备类似特征的鸟的名字来命名。我打算对这些性格类型以及他们与世界互动的方式做更进一步的挖掘，另外加入了一些我认为你在养育孩子时会觉得非常有用的差异，因为我估计你的孩子们偶尔也会把你逼疯（而且，如果只是偶尔的话，那你可是够幸运的了）。

　　问题在于，**他们不是你，但是这一点很容易被忽视**。毫无疑问，他们具备某些你的大脑识别出来的外貌相似性（哪怕你没有发现），而且，一段时间之后，他们很可能开始具有跟你或你的配偶一样的言谈举止和说话方式，这些东西在无意间构建起了带有一定相似性的熟悉感。这只是造成我们忘记他们不是我们的一个方面。另一个方面就是我们装备在大脑里的被称为镜像神经元的智慧套件。本质上说，每一次你看到有人做什么事情，你的大脑都会对这个事情进行一次模拟。所以，如果有人在你面前挠头，你的大脑就想象你也在挠头。科学家认为，镜像神经元可能是共鸣的基础——如果我看到你难过，并且想象自己也一样难过，它会就你的感受如何给我一个理解，同时，就我应该如何应对提供一条线索。有意思的是，那些被诊断为自闭症和阿斯伯格综合征的人拥有不能正常触发的镜像神经元，使他们对这些社交信号"视而不见"。镜像神经元也可能是我们学习的一个主要途径——观察并模仿他人，这也是为什么花时间教孩子一些实践技能在加深双方感情方面有着如此重要的作用。

　　从孩子那一方面看，它意味着无论何时你看到他们在做什么事情，或者他们告诉你他们做过的什么事情，你的大脑都会把这个模拟同样地运行一次，这可能就是事情开始出错的地方。如果我儿子从学校回来说："爸爸，老师今天让我离开教室，因为我和同学们在班上闹得太厉害。这太不公平了，我们只是在讨论功课啊。"我就会把自己想象成他。此时的错误在于认为我想象的这个事件的版本与他实际经历的版本一样。当然，它们不可能一样，它只是我的版本。我如何看待自己对它的反应取决于我属于哪种类型的人。如果我像他一样，就很可能感觉到同样的不公平。然而，如果我属于那种会被周围的噪音搞得心烦意乱，而且认为学生就应该安静地坐着的那类人，那么我可能会觉得这种行为方式真的很糟糕，我对他做出的反应可能就不会是同情，甚至可能会是惩罚性的。

很重要的一点是，不仅要意识到孩子不是你，也不是你的缩小版，还要弄清楚他们是谁。我会给你一些标签，用以描述某些差异，我希望这些差异能真正帮助你了解自己的孩子，并更加有效地与他们交流。

另外简单补充一点，这些描述不是为了将人片面分类。放心大胆地使用它们去解释差异和相似，但是请一定要注意，环境会影响他们，人都会改变，而且，你要是用固有印象看待某个人，他通常会学着不再对未来抱有期望。

我将从我早前的著作《爱情鸟》中强调过的那些类型入手，再在此基础上增加一些内容，来描述我们表现出来的各种特质。我将讨论的特质分为地面鸟（ground birds）和天空鸟（sky birds）、内向型（introverts）和外向型（extroverts），以及裁决者（judgers）和感知者（perceivers）6 种。

地面鸟与天空鸟

本节内容描述那些喜欢细节的人与那些喜欢关注大局的人之间的差异。在感情问题上，我发现这将是你看到的所有差异中矛盾最为确定的一组。读读不同的描述，思考一下你是否从自己或者孩子身上也发现了类似的情况。

地面鸟

正如其名字所表示的，这些人不会异想天开。他们喜欢知道自己身处何处，喜欢那些确定的事情，而且获取的信息越多，他们也就越安心。他们按部就班地学习，也就是说，他们擅长按照计划好的方式逐步推进来"解决问题"，无论这个计划是他们拿出来的，还是别人交给他们的。出于这个原因，他们会对不走寻常路并探索可能性的做法表现得很是勉强，甚至可能在其他人认为这个计划已经明显行不通的情况下，也坚持执行。熟悉常常会被误认为安全。他们总是擅长做有条理的事情，而且喜欢让事情变得有条理。他们会积累有关应该怎么做事情的规则，并且非常执着于这些规则。他们常常误认为自己的方法是唯一可行的手段。

天空鸟

对于这个群体来说，可能性是对他们最大的吸引力。他们倾向于对不确定性拥有很好的耐受性，因为大部分的可能性就存在于不确定性中。他们可能对习以为常的事情很快就变得非常厌倦，并且总是寻求做事的新方法。对他们来说，挑战来自坚持做那些别人告诉他们去做的事情，或者，更为准确地说，按照别人告诉他们的做法去做事。组织条理对于他们来说不会自然而然地到来，因为在涉及细节的时候，他们能够集中注意力的时间通常很短。对他们来说，陷入任何平凡的事情都是危险的。出于同样的理由，规则不在他们的雷达探索范围之内，尤其是那些对他们来说没有意义或者不重要的事情。他们通过寻找事物间的范式和关系进行学习，并且主要由直觉引导。

地面鸟型孩子

如果你本人不属于地面鸟型的人，看着这样的孩子，你有时候可能会觉得非常疑惑，在你们的关系中，到底谁才是大人。从很小的年龄开始，地面鸟型孩子可能就表现得非常成熟，他们总是想要安排自己的生活以及周边的事务。他们会是这样的孩子：总是以某种具体的方式收拾、摆放玩偶和玩具，如果它们被挪动了就会感觉很伤心。与朋友一起玩游戏时，他们会设法由自己规定玩什么游戏，然后就会听到他们宣布这个游戏应该怎么玩。他们认为自己的办法就是正确的办法。如果他们觉得制定的规则被无视，就有可能勃然大怒。好消息是他们通常都很爱干净，甚至会顺利地通过帮忙做家务的几个成长阶段。对一个孩子来说，他们算是非常具有责任心的了。

他们对变化的准备不会很充分，所以，转学可能会是个考验：喜欢的老师被换走了，他们感觉很痛苦；搬家，仿佛世界末日。你会发现，要对某件事情拿定主意，他们往往会需要很长一段时间，尤其是在有多种选择的时候。他们喜欢拥有大量的信息作为决策的基础。那些能够对细节摸得一清二楚的办法，他们很是喜欢。这就意味着如果你问他们一些事情，比如"今天在学校里的情况怎么样"，你大概得在回家的路上把车开得很慢，才有可能在停车的时候听完他们这一天方方面面的事情。它还意味着他们会就任何简单的事情向你提出大量的问题，而且似乎非常急迫地想要知道答案。

他们通过稳步地累积理解来学习。如果获得某个结果需要五步，他们会很高兴地去查看每一步，就算在第三步的时候已经得出了答案。"稳定"和"可靠"大概是你在父母的夜谈会上听到的词语。这种特质在与热情或者兴趣结合起来的时候，可能会让他们非常擅长某些相对具体的活动，比如弹钢琴或者体育，又或者某一个具体的学科。

你认识那些从很小的时候就拥有手袋的女孩子吗？她们大概就是地面鸟型的，总会有些东西想要带在身边，只是为了以防万一。从很小的时候起，地面鸟型孩子喜欢东西的方式就很具体。他们常常会有一些十分奇怪的念头或幻想出现，从喝水用的杯子，到喜欢的玉米片的类型。然后，还有规则。他们喜欢确定性，规则会让他们感觉很安全。规则是让他们的世界更加可预测的一种伟大的手段，前提是其他所有人都遵守。这一点对于一位地面鸟型孩子来说可能会是极度令人沮丧的。在他们的世界里，事情应该怎么办是显而易见的，但他还只是个孩子，所以世界并不总是顺从心意。如果你曾经有幸身处这样一个家庭，在这个家庭里，父母似乎只能唯孩子的喜好是从，那你很可能看到让一位地面鸟型孩子当家带来的后果，这个结果通常不会很好看。当涉及谁来训练谁的问题时，赢家只可能有一个。

为了帮助他们成长，要在尊重他们对发号施令需求的同时，又不让他们掌控家庭的运行方式。抓住一切机会赞扬他们提出的管理规则，但是不要让这些规则束缚住他们的手脚。我谈到过把新奇变成孩子生活的组成部分的重要性。对于地面鸟型孩子来说尤其如此。规则让他们觉得安心，但是也可能成为囚笼。为了不让他们驻足在自己的舒适区内，学会处理偶发性事件和不确定性对他们的发展更有好处，但是，要小心调整好步伐，如果迈得太大的话，就要做好迎接他们大发雷霆的准备。尽一切可能允许他们更多地控制自己的节奏。支持所有面向掌握一项技能或者把自己沉浸到某项爱好中的冲动。当他们受到打击的时候，会倾向于把自己隔离起来，独自解决打击他们的问题。鼓励他们分享、授权、眼光放得更远一点儿。

天空鸟型孩子

首先，也是最重要的一点，如果你把幸福寄托在天空鸟型孩子会保持他们的房间整洁上，你很快就会品尝到绝望的滋味。他们根本不会那样做。不是因为他们又脏又邋遢，也不是又懒又散漫，而是因为他们大概根本就没有注意到房间里的一片狼藉。这对他们来说并不重要。这只是他们如何真切地在混乱中成长的一个符号，这样的说法一点儿都不夸张。这些孩子总是在探索、查阅一件东西是如何装配在一起的，并试验那些没有装配在一起的东西是否可以装在一起。其结果就是他们总是具有高度的创造性。你可以看到他们拥有持续两周的狂热激情，并且花掉你一大笔钱。他们的卧室，以及很可能你的整座房子里，到处都摆满了我父亲过去称之为"5 分钟热情"的各种设施和设备。不用担心，他们长大后堪称知识渊博，而且会是棋盘猜谜游戏的个中高手。

他们对做那些让自己觉得无聊的事情抱怨的声音最大，认为做那样的事情有失体面，或者对他们来说好像微不足道。他们是天空中的鸟，任何会把他们拉到地面上的事情都将受到抵制。他们会拿出最可笑的计划，或者令人脑洞大开的想法。他们有时候会让你大吃一惊，居然能够设法坚持到最后，而且常常取得惊人的结果。

你需要保持足够的耐心，因为他们常常大器晚成。不是因为不够专注，而是他们的焦距被调到了宽波束，不是像地面鸟那样的激光束上。他们的才能通常会在进入战略地位时得以展现，他们大部分人会爬上职场阶梯的高位。

正如你所期盼的，他们不拘泥于细节，应对满是细节的学校功课会让他们痛不欲生。举个例子来说，在历史课上，日期、人员名单或者雅各宾议会（Jacobean Parliament）的政治机制会让他们昏昏欲睡。告诉他们有意思的历史模式——有关 1918 年的停战条件以及魏玛共和国的组成与主要欧洲大国对另一场战争的担忧，所有这些情况综合到一起，如何为希特勒的崛起创造了条件——马上就能引起他们的关注。他们对事物"为什么"的热爱，要远甚于"是什么"。如果问你的天空鸟型孩子他们今天过得怎样，得到的很可能是"还行"或者"无聊"这种类型的答案。他们简洁、可爱，有大局观。要想从他们嘴里多得到点儿什么，可能有点儿像一场挤压石头的练习。

最后，谈到规则。他们没有太多规则，也没有太多时间考虑别人的规则。

有时候你会感觉他们似乎有意无视你的存在。尽管确实会有这样的情况存在，但更有可能的情况是，他们的心思飞到了别的地方，而他们刚好也没有意识到，现在是你的重要规则应该生效的那个时刻。就跟整洁的情形一样，想要引起他们注意，恐怕得等到天荒地老。我的建议是，只选择对你来说最重要的那几条来立规矩。清单上最好不要超过 7 条。让这些规矩随时随地都可以看到，无论何时，只要有违规都要说出来。多次重复后，你或许会看到他们在大部分时间里还能够守规矩的情况，就算他们不太清楚你的具体要求。

为了帮助他们成长，你需要点到为止，并且准备好打一场持久战。他们会找到适合自己的方式，这种方式不一定跟你的一样。需要点儿时间让他们去探寻自己感兴趣的事情，无论这个兴趣多么短暂。让他们面对你能够想到的尽可能多的想法和指令——他们是生活中的探寻者。与此同时，构建他们对细节的耐受力；帮助他们更好地专注于那些让他们感觉无聊的小事情（参阅格言 3，尤其是"汤姆·索亚效应"）。当他们爬上高位，他们可以授权；在早期的日子里，学会为小事费心将会加快他们进步的速度，并提高他们的社交灵活性。

孩子的情况就是这样，你从中找到你的孩子了吗？现在到你们了，父母们。

地面鸟型父母

你们很可能成为对孩子极度关心的父母，他们到学校时发现忘了带运动套装的情况极为罕见。如果你先看了有关地

面鸟型孩子的介绍，那么大概会预先想到某些我将要提醒你
小心的事情。首先就是你的规矩。规矩对你来说会很重要，
而且，为人父母后，拥有做事情的规矩以及正确的方式会是
你觉得一切尽在掌握的主要方式，也是你竭尽全力为孩子做
的事情。问题在于，教育孩子是一件麻烦得令人抓狂的事
情。把这种情况尽量限制在一定范围之内是有可能的，但是
永远也不要奢望能彻底消除它。尽自己所能去接受不完美。
完美并不存在，尤其是在教育孩子的问题上。

　　坐下来写出所有你期望孩子们遵守的规矩会是个有意
义的练习，结果可能让你大吃一惊。按照不守规矩让你感觉
不爽的程度给每条规矩打 1~10 分。问问自己，破坏这条规
矩是不是真的有什么不妥？当孩子们知道边界在哪里的时
候，他们会非常高兴，但是如果这些规矩太严格、覆盖的生
活领域太广的话，会捆住孩子的手脚而且让他们感觉到太大
压力。**如果花盆里都是根，植物无法生长。如果家里都是规
矩，孩子也无法成长。**

　　请注意，相信做事情只有一种正确的方法，会抑制孩
子的创造力。让他们玩耍，搞得一团糟，使用错误的蜡笔颜
色，跟包装盒玩而不是跟礼物玩。带他们去找有趣的东西，
然后把他们留在那里，让他们找到乐趣。不要尝试安排他们
自己找乐趣的方式，也不要说出你会如何找到乐趣。我真心
希望有这么一张挂图，让孩子们知道他们应该在什么时候做

家务活、什么时候放假，并且明确标上对家庭具有重要意义的所有日子。但是，不要让你的生活被它支配，要容许一定程度的随机性（不可以在挂图上规定一个计划好的随机日，那是作弊）。

如果你有个地面鸟型孩子，他对生活方式做出的回应会跟你保持一致，准确得跟瑞士手表一样。这会让他有安全感。我的大招是鼓励他们自己安排生活，而不是由你来指挥。这能培养他们的毅力和自主意识。地面鸟型父母存在这样一种风险，就是孩子会因为他们永远都无法把事情做得跟你一样正确、有章法，执行得一样到位而放弃。要抵制住内心的诱惑，不要从他们手上把事情都揽下来，嘴里还说着："我自己做还更快些！"

最为重要的一点是，如果孩子属于天空鸟型的话，请不要给他们贴上负面标签。他们很容易被看成是空想家、没头脑、不为别人考虑或者过于吵闹，但其实并不是这样。他们只是不是你而已。他们不按照计划生活，而且在相当一段时间内（按照你的预计）似乎毫无进展，这些情况很可能让你沮丧，但是请相信他们。**就算他们的目标对你来说什么也不是，对他们来说也很可能是一个正确的目标。**

我跟天空鸟型父母说话时，会不自觉地重复，因为我认为这一点很重要。我按照类型来描述人，目的是让你能够预知某些特定的偏好，以获得正面的效果，根本就没想过以此来限制他们，也不认为仅仅因为没有天赋，或者本质上不熟悉，他们就注定在某些方面不行。**孩子具有很强的可塑性，而且是应该得到鼓励的。**无论孩子最偏向于哪种类型，请鼓励他们探索其他的可能性。如果他们喜欢秩序和规则，请给他们提供最后会让他们很享受的那种随性而发而且混乱不堪的体验。如果他们回避细节和规矩，就找一个有趣的、有细节和规矩的活动，比如做烘焙和练武术。灵活性是我们成年后大多会失去的一种伟大的特质。在你孩子身上培养这种特质，他们会找到让它茁壮成长的更多环境。

天空鸟型父母

你会发现做个有趣的父母比做个惩罚者要更容易。老是盯着那些孩子"应该"做的事情是一件太过艰难的事。要禁止他们做那些你知道自己也深受其害的事情常常会很艰难。你一般会很喜欢让孩子去探索事物——充气游乐场、新游戏、不同的兴趣爱好。不那么容易的方面是持续关注他们家庭作业的情况、他们是否已经做好了上学所需的一切准备工作、今晚谁来接他们。你心里总是塞满了太多的可能性，以至于家庭中本来很常见的那种生活的喧闹，竟然变成了背景噪音。

天空鸟型的人对不确定性拥有很好的承受能力。这种情况有利的一面是你会很愿意在事情发生的时候与之纠缠。我认为这一点很令人羡慕，但是话又说回来，作为你们中的一员，即使我会这样看，讨厌的研究却已经证实，孩子喜欢一定程度的确定性，边界、日常的习惯和喜欢的睡衣可以作为这种说法的证据。在孩子的预测软件变得越来越准确的过程中，他们毫不奇怪地会把家庭和父母当成稳定的基石，从这里再投身到外面世界的不确定性中。请留意这一点，在你随口提出一个关于购买移动房车，举家远赴秘鲁的想法时，需要十分谨慎。我知道那只是个想法，我们都知道它大概率不会真的发生，而只是想想很有趣。但是你的孩子则不然，所以，当你跟他们分享时，要非常谨慎地处理你的想法。

　　如果你的孩子跟你是一样的类型，你们会有大量探寻不同事物的乐趣，坦然看待他们选择和放下各种兴趣。这可能会存在一点儿危险，你可能会在无意间迫使他们分担你的压力。另一个危险，是如果他们的兴趣让你觉得无聊，你就不会花时间跟他们一起玩。你对单调的忍耐力很低，所以，如果必要的话，找个人来替你推秋千。你的孩子一般都会非常好奇。你可以做的一件能拉近你们之间关系的事是花时间给他们解释这个世界，让他们睁开眼睛看到世界上的各种奇观，并带他们去那些能让他们提出问题的地方。在往后的日子里，他们会珍惜你们的博物馆之旅，或者你们去他当时感兴趣的展览的日子。或者，当他们更大一点儿，分享你们关于政治（或者任何别的事情）的意见。关键是要避免一言堂或者灌输想法的情况。允许他们怎么想就怎么说、提出想法并有主见，而不要让他们觉得可能面临被你批评的风险。

如果你的孩子属于地面鸟型，要把你们联系起来就会很难，因为他们的世界跟你的世界有着天壤之别。要记住的关键是很多对他们来说很重要的事情跟你似乎没有关系。认真观察并倾听他们的规矩和偏好，不要因为这些问题而小看孩子。你会轻易地给他们贴上各种标签，比如心肝宝贝、邋遢鬼、霸道、无趣和迂腐。千万不要这样。他们不是那样的人，他们只是不是你而已。他们在日常琐事和按某种特定方法做事的过程中找到了舒适感，就像你觉得创新令人兴奋一样。摸着石头过河让他们很是害怕。他们喜欢明确的指令，而且相信总有一种正确的方法做事。随着他们逐渐长大，会存在这样一种危险：他们会认为自己的方法是唯一的方法，所以，他们的少年时期可以过得很有意思。在你能够明确地看到下一步的时候，大概很难理解他们为什么要花时间去做某件事情。这是他们自己的生活，无论你多少次地给他们指出了前进的方向，他们还是会按照自己的方式去生活。你只能是一个旁观者，他们会建立起属于自己的那些东西。

跟地面鸟型父母的情况一样，我鼓励你提高孩子的灵活性。指出他们拥有某些偏好的目的并不是想用一个标签来限制他们，而是让你理解如何发挥他们那些与生俱来的东西，避免差异在你们之间造成距离。尽管他们或许喜欢地面鸟而不那么喜欢天空鸟，反之亦然，但是孩子都有很强的适应性，给他们机会练习另一面的技能，完全有可能让他们在行为方式上变得更为灵活。给地面鸟型孩子那些需要他们随波逐流、即兴创作、放飞自我的体验来锻炼他们，能够帮助他们更好地成长。促使天空鸟型孩子不得不专注于细节，并了解规则的好处，也会给他们很大的帮助。如果能够培养孩子在两种偏好之间自由地游走，你就会得到一个这样的成年人：在事情正常运行和发生变化时，他都表现得同样得心应手。

视觉、歌声、思想和感觉

在这个阶段，基于我们会偏爱自己最为关注的感觉的想法，我将把地面鸟型和天空鸟型进一步分成为 4 种类型。某些孩子将会是视觉鸟（视觉），某些是歌唱鸟（听觉），某些是感觉鸟（运动型），而有些可能开始以我称之为思想鸟的面目出现。我会在最后讲这种类型。再一次认真通读一遍，并且看看这些描述是否能引起你的共鸣。

视觉鸟型孩子

我希望你精力足够旺盛。从双眼张开一直到闭上，视觉鸟型孩子几乎都在时刻不停地运动着。如果可能，把他们连接到你家里的供电系统上，电费账单可能会急剧下降。从很小的时候起，他们大概就很喜欢打扮，对闪亮的物件很感兴趣，甚至对应该穿什么、做什么样的发型都有自己的看法。如果他们也是天空鸟型孩子，关注点更是瞬息万变，因为他们总是会被下一个感兴趣的事情分散了注意力。视觉鸟型孩子掌握什么事情一般都很快，所以他们需要大量的刺激，否则马上就会觉得无聊。你跟他们一起共度的时光对他们来说都非常重要。从某种角度看，他们会以你给予他们多少关注来衡量你对他们有多关心，所以他们似乎有点儿难伺候。对于这一类的孩子来说，游戏机不可能代替你。

如果家里有多个兄弟姐妹，他们对你对待每个人的公平度大概真的会非常在意，因为礼物对他们来说具有特别的含义，也就是说，这些礼物里面装的是爱。如果他们发现其他兄弟姐妹得到的东西比他们多，就会把这看成是你偏心了，所以，做好准备迎接狂风暴雨和对关注的不懈追求。如果有某个人会得到别人没有的东西的情况，一定要解释清楚理由。当他们是受益者的时候，要说明这就是其他兄弟姐妹没有得到东西的时候。这样做或许会有所帮助，但是帮助有限。

随着他们的长大，自己的空间对他们的意义也变得更为重要。他们会想要一个房间，或者某个房间的一部分，让他们可以按照自己的意愿布置。他们对自己的东西具有很强的占有欲，常常很难与别人分享自己的玩具和衣服。这不是因为自私，只是担心别人会"弄坏"他们所拥有的东西。从另外的角度看，他们跟你一样愿意分享，也一样善良。

要帮助他们成长，就请给他们活动的空间，这个说法既是字面上的意思，也具有隐喻的成分。束缚住他们，会把你们双方都搞疯，所以，给他们燃烧能量的空间。让他们睁大双眼看看各种事物的美好，安排大量的去美术馆和博物馆的旅行。他们喜欢大量地去尝试。你跟他们在一起的时间跟他们收到礼物具有同样的效果，每一秒都被看成是一份爱，所以，如果工作忽然间让你跟他们在一起相处的时间变少，就要做好迎接大发雷霆和危险举动的准备，并且要想办法尽全力弥补他们。

歌唱鸟型孩子

准备一些耳塞。几个月之内，你就会从"我等不及想听到他的第一句话"转变为"让他别说了"。歌唱鸟靠声音活着。音乐随身听是必需品，背景噪音可能会让他们得到安慰，但是你的声音就不那么有效了。一旦他们找到了自己的声音，就会用它来填满身处的每一个空间，沉默不是一个选项。如果你放个玩具在他们的小房间里，很可能他们会跟它讲上很长时间的话。

他可能从幼年时起就热爱音乐，而且几乎可以肯定的是长大后依然热爱，无论表现是跟一位歌手恋爱，还是跟一种乐器恋爱。可以聊以慰藉的是，如果你要听一位 8 岁的孩子学习小提琴或者电吉他，那至少意味着你不用倾听他们那些意识流般的语言。如果孩子还是地面鸟型孩子，他们永远都不会给你一个简短的答案。有时候，他们跟你讲学校的情况时似乎真的需要一整天的时间才能讲完。如果有耐心药就好了。如果你的孩子是天空鸟，详细的程度或许低一些，但是，你将会遭到他们想象力的狂轰滥炸，而且他们还会期待你跟他们一起炸。通常，尤其是那些外向型的歌唱鸟型孩子，故事并不只是拿来阅读的，还要用你能够利用的尽可能多的声音演绎出来。随着他们的成长，你将会成为他们想法和梦想的回音壁。就让他们拥有这些东西吧，只要可能就尽量迁就他们，不要拆穿他们；他们的幻想可能就是他们的未来。

如果你告诉他们你爱他们，他们会知道你爱他们，而且大概也只有你讲了他们才会知道。尽早告诉他们，而且经常告诉他们。确保你说到做到，因为他们能够分辨出差别来。不要做出那些你无法做到的承诺。很快你就会发现他们会做记录，而且能够一字一句地复述你说过的话，没有任何的遗漏，所以，你对承诺一定要谨慎。另外，留意你的语气，歌唱鸟型孩子会被口头批评、讥讽、不友好的言辞深深地伤害，而且，就像其他所有言辞一样，他们也会牢牢地记在心里。

准备好接受老师对你孩子调皮捣蛋的抱怨。这种抱怨通常意味着他们会在上课时讲个不停。他们当然会是这样，因为这是他们学习的方式。好老师会倾听他们在讲什么，不那么好的老师只是简单粗暴地告诉他们闭嘴听讲——这意味着，让他们停止学习。保护他们不要遭遇这种情况。

要帮助他们成长，请给他们一些时间。要心甘情愿地当他们的回音壁。让他们有可作为谈资的有趣经历，激发他们对世界的好奇心。参与到他们的学习活动中，这是他们最佳的学习方式。留意所有情况下的有趣点，无论是口头的还是音乐中的，并做出反馈。让晚上的阅读成为他们夜间仪式的组成部分，这是每位做父母的人都应该做的事情，但是对于歌唱鸟来说，这一点尤为重要。让"我爱你"成为每一个夜晚他们听到的最后一句话。一定要用恰当的语调说出来。

感觉鸟型孩子

在所有的孩子类型中，这些小家伙会是这样一群人：来自父母的拥抱对他们来说就像得到圣杯一般。他们似乎也会很缠人，因为他们对环境是如此敏感，以至于所有事情都必须是正确的。从很小的时候起，他们对直接接触皮肤的材料就会有自己的偏好。他们会因为太热或者太冷而哭闹。你晃动他们的时候不是太重就是太轻……这份清单列起来可能会无穷无尽。正如我在《爱情鸟》一书中所说的，成年的感觉鸟似乎毕生执着于对完美感觉的追求，孩提时代是把一件喜欢的短袖衬衣一直穿到穿不进去为止，成年后则转成对完美咖啡的挚爱。

感觉鸟通过实践和复制来学习。你可能会在某一天走进起居室的时候发现电视机被拆散架了，因为他们的智慧常常存在于实践中。这一点在学校里可能会造成问题，尤其是在10岁以后，因为学校一般不会给他们提供这种学习方式。一旦课堂变成只能坐下、听讲和观察的地方，不能再四处翻滚和制作东西，感觉鸟就会觉得无聊，而且还会因为跑到教室后面，朝同学扔东西而被贴上捣蛋分子的标签。他们通常会以明显不及格的成绩离开学校，认为自己不够聪明。实际上，他们的聪明才智只是不太适合学校要求的那种方式而已。

他们有希望找到自己的办法进入某项工作，比如餐饮、工程、电子，以及那种需要涉及实际的护理而不是在大学里混四年的工作，总之，就是那种能让自己的动手能力变成一种资产的工作。

鼓励年幼的孩子参与到像"翻滚的土豆"这样的体育运动中是个绝佳的主意。把他们带到尽可能广泛的体育运动和积极活动中，通常能够让他们爱上某种可能会持续一生的活动。

一句话，培养他们的触感。身体接触是他们幸福感的关键元素，通过你不由自主地给他们一个拥抱的频次，他们会感知到你的爱，从你撤回爱抚的举动中，他们会感觉到你的不满。在所有的类型中，他们会是最晚因为逐渐长大而不再给你晚安吻的，如果他们在离你很远的地方生活长大，那对他们来说会是一件很痛苦的事情。

要帮助他们成长，请用与奖励一个孩子的学业能力同样强烈的手段来奖励他们的动手能力。表扬他们的怪念头和感性，但同时注意不要让他们变得太过矫揉造作。可以让他们略微离开自己的舒适区。

要注意，他们对未来的预期通常没有那么好，所以，在某一时刻的感觉很容易被他们误解为以后永远都会是这个样子，这就会造成他们感觉到的痛苦、挫折或者不幸要远比其他人更严重。你的拥抱就是一剂良药。让他们沉浸在创造事物的乐趣之中。尽最大可能容忍他们为了学习而损坏的一切——他们很喜欢动手，对你的收音机、手表、汽车等大动干戈。

思想鸟型孩子

这些孩子会让我非常心疼，因为我属于他们中的一员。我把这个类型看成其他 3 个类型的亚种，因为我不认为我们天生如此，我坚信我们是后天习得了这种样子。基本上，思想鸟在成长过程中会从这个世界中退却，进入自己的内心。我看到他们中很多人来寻求治疗。他们的问题总是没有归属感、害怕表露或者体验情感，以及被孤立之类的感觉。在这些案例中，我发现他们的童年时光中包含了一些他们不喜欢其外表、声音或者触感的东西。不一定都是巨大而且恐怖的东西，它们常常只是来自父母的拒绝、失望和不理解。但是我认为情况并不仅仅如此。我相信思想鸟的问题有时候只是因为让他们自娱自乐的时间太多，或者没有得到与其他同伴在一起的机会，被安排了以牺牲社交为代价的学习，或者家庭破裂，比如离婚或者亲子冲突。在这种情况下，他们的内心就成为自己唯一的庇护所。

这种说法听起来很糟糕。我刚刚又重新回想了一遍，几乎为自己感到悲伤，但这并不全是负面的。不是这样的，他们可能只是很难以亲近罢了。思想鸟需要对一切事情都有所了解，所以，他们对吸引自己兴趣的一切事情都有着无休止的好奇心，成为不了某方面专家的情况在他们身上很少见。他们不愿意做那些对他们来说没有意义的事情，不做好计划他们不会起床，他们在隐藏认为某人错了的这种事情方面表现得十分糟糕。

他们会把大量时间花在自己的心思上。就算坐在你身边，也会有他们在千里之外的感觉。他们很有可能确实是这样的。他们的大脑里总是在对话。你作为家长的工作是要让这个对话朝着正确的方向，而不是关于没有人喜欢他们，或者他们有多笨。所以，父母传递给他们的信息，对于他们内心的声音到底是自己最好的朋友还是最大的敌人，起着关键的作用。你可以猜猜哪个版本的声音会给我打电话预约，也猜猜大部分负面的对话来自哪里。他们似乎很神秘，因为他们总是把自己的想法牢牢地锁在内心里，而且有时候他们会认为他们已经把在内心对话中告诉过你的话大声说出口了。结果就是，会有大量"我跟你说过了！"的抗议出现，所以，不要简单地认为他们在撒谎。

他们的学业成绩一般都很好。尽管你会担心他们有时候看上去很冷漠或者拒人千里之外的做派，但是，从生活的各种方面看，他们却大多很成功。他们面对的更大挑战是如何让自己高兴。所以，写作本书对我来说是一件很幸运的事情。

思想鸟在孩提时代就崭露头角，这意味着他们还有另外一种类型——视觉、声音或者感觉——在暗中运行。作为思想鸟和感觉鸟混合体的孩子常常会优柔寡断，因为他们是一种头脑和心灵的均衡混合体。在感觉正确和最有意义之间，选择走哪条路，会是一件让他们十分纠结的事情。在与自己的身体和周边环境保持和谐方面，他们大概还达不到感觉鸟的平均水平。

具有歌唱鸟特质的思想鸟意味着他们一般会比思想鸟更加健谈和开放，而且更容易被周围讲话的人打扰。

最初是视觉鸟的思想鸟很可能会与绘画材料一起消失，在卧室里完成自己版本的西斯廷教堂之前一般不会露面。

要帮助他们成长，请给他们大量的机会，通过运动和其他的体育活动让他们与自己的身体建立联系。也要鼓励他们在情感上建立联系，养只宠物是个绝妙的主意，而且要允许他们表达自己的感受。你要亲力亲为地鼓励他们。他们常常会担心任何情感的表露都会让自己手足无措，教他们一点儿其他的办法。

在讲完了你与孩子之间的差异为什么会是你们面临的某些挑战之后，我现在想加入另一层面的差异。这种差异对我们看待世界以及与别人交往的方式具有重大的影响。我很肯定，这些术语你已经使用过很多次，但是，我将以一种特别的方式来使用它们。

内向与外向

在一天工作结束的时候，你喜欢做什么？外出与朋友相聚，还是舒服地躺在自己的浴盆里，安安静静地阅读一本好书？在孩子放学回到家的时候，他们一般会做什么？扔下书包冲出去跟小伙伴玩耍，还是安静地坐下来看电视或者玩电子游戏？

用简单的术语以及我自己的定义来说，外向的人从他人那里获得能量，内向的人则把自己的能量付出给他人。这是一个连续体，所有人都处于这两点之间的任意位置上。正如我之前所说的，我将要描述每种类型中的强元素，让你在自己或者孩子处于这两点间的某个位置上的时候，识别出那些可能需要你化解的元素。

　　如果你想要组织一次聚会，外向者是你一定要邀请的人。首先，他们来的可能性比那些内向型的朋友更大，内向型的人会一整天都在自己心里嘀咕，并且希望有一个不来的借口自己冒出来；其次，他们到达聚会点的时候，会积极地与别人攀谈，制造出些声响来，而不是一头扎进厨房，或者某个阴暗的角落里。典型的情形是，两位具有这种差异的人到达聚会地的时候，外向者会来到起居室，跟里面的所有客人挨个打招呼，结交新朋友，与老朋友打闹，成为聚会的生命与灵魂；内向者会利用其同伴作为掩护，同时寻找安全点，扫视整个房间看看有没有认识的人。如果他们在这个群体里感觉不自在，就会退隐到墙纸里。然后，在傍晚的某个时候，那些从进门以后就一直没有再见面的外向伙伴会找到他，拉着他的手说："来吧，大家一起来高兴一下。"这话潜在的意思其实是："来让我高兴一下。"

　　对彼此需求的误解可能会延伸到父母与孩子的关系上。外向型的孩子需要大量的刺激，因为他们很快就会觉得无聊。要让他们高兴，随时有人在他们周围是个绝对的要求。他们一般都是吵吵嚷嚷、大声喧哗而且喜欢交往的人。他们会跟任何人成为朋友，而且如果在超市里看到那些看起来很有趣的东西，尤其是有趣的人，就会迷失。在他们成长的过程中，会把大量的时间花在朋友身上，或者与朋友的交流上。甚至让他们在晚餐桌旁不要发信息，对他们来说都会是个很为难的要求。在学习上，把他们关在房间里，做完家庭作业才允许出来的做法毫无意义。让他们在餐桌上做，或者做作业的时候用即时通信工具与朋友保持联系，或者组织一个学习小组。对他们来说，安静无助于任何事情。如果要给他们买手机，而且是你给这部手机付费的话，要确保他们有无限制的免费短信，并严格限制他们使用手机的时间，否则，手机账单的费用会看起来很像你的住房按揭。

　　另一方面，内向型的孩子在自娱自乐方面要更擅长一些。他们可能会消失在自己的卧室里达数小时之久，高高兴兴地跟玩具，或者自己的想象玩。他们的专注力还不错，常常会热衷于自己默默追求的一项爱好或者兴趣。他们交朋友会比外向者慢，而且朋友圈一般都很小。作为内向者的朋友的一项必要品质是不要求他们的定期关注；他们或许爱死了你，时刻准备着把肾捐给你，但是每年实际只需要见你三四次或者跟你说上三四次话。在学习上，他们需要退到安静的地方。在所有活动中，他们表现最差的就是团队任务。在他们习惯这个团队之前，会非常厌恶在团队成员面前讲话。事实上，就算还没有认真地想好，外向者也会十分高兴地大声说出自己的想法，内向者则要谨慎得多，只有在他们考虑得很成熟之后才会透露一二。我教书的时候，总是会给班上的同学提供提问的机会，而且会说"唯一愚蠢的问题就是你没有问出来的那个问题"这样的话来鼓励他们。外向者会高兴地举手，并提出问题来验证我的这种说法，而很多内向者会一直等到下课，在我去上厕所的时候，悄悄地靠上来，说："我只是有个事情一直想不明白……"

　　过去，我曾经听到过好多父母恼火地指着其他孩子对自己的孩子说："你为什么不能像那些孩子一样？"他们所指的，一般都是自己小时候的样子。内向型的父母会喜欢安静、主动而且不一惊一乍的孩子。外向型的父母会喜欢（而且希望）他们的孩子闹腾一点儿，成群结队地乱跑，并且制造出一点儿小混乱。他们对孩子的沉思时刻的反应总是说："你太安静了，咋回事？"让孩子依从他们自己的天性，而不是按照你的模板来，这一点很重要。我见到过这样的客户，他们一辈子都被说成是害羞的人，而实际上，他只是一个生活在外向型家庭里的内向者。除了被说成害羞和无趣，墨守成规和局外人是箍在孩子手腕上的另外两个常见标签。

　　我也见过这样的客户，他们被评价为喜欢炫耀，自以为是地认为自己无所不知，需要处于大家视线的中心，所以他们长大成人后不敢展露自己的潜能。你已经猜出来了，他们是由内向型父母养大的外向者。在学校里，不了解这种重要差异的内向型老师会给他们这种外向型的表现贴上调皮捣蛋和叛逆的标签，甚至会认为他们患有小儿多动症。外向型老师会认为，他们的那些内向型学生对自己的同学没有表现出足够的关心，或者没有足够的交流。猜一猜谁会被点名站起来，当着全班同学的面回答问题，以帮助他们走出自己的壳？猜一猜他们中有多少人在成年之后会因为害怕在大庭广众讲话而来找我？

最后一组差异，而且如果是你和某些与你亲近的人之间存在的差异的话，会是一种可以擦出火花的差异……

裁决者和感知者

裁决者喜欢知道事情的结局，做总结陈词，做个了断。给他们定下一个最后期限，他们要在这个期限前完成才会高兴。感知者喜欢开放、可能性和可选项。给他们定下一个最后期限，他们就会开始跟你讨论延期的问题。一直以来，我都得从感知者的指尖上抽出试卷，因为一旦交了试卷可能性的大门就关闭了，只要再有一点点时间，考试的成绩就有可能更好一点儿。

如果这是你和孩子之间的差异，你面前就会有些需要去做的工作。想象一下一对裁决者和感知者夫妻购物的场景。你会听到裁决者这样说："简直难以置信，你拉着我走了几个小时，逛遍了城里的每一家商店，就是为了买我们走进第一家店里时就看过的东西！"听着耳不耳熟？

　　对于裁决者来说，时间与态度是联系在一起的。"宁可提前 1 小时也不能晚到 1 分钟"是他们常挂在嘴边的一句话。对于感知者来说，"我不知道时间都去哪里了"是他们最常用的问候语，他们会自顾自地侃侃而谈，似乎根本没有留意到自己的迟到给他人造成的影响。如果你在与裁决者的会议上迟到了，他们会觉得你很没礼貌；如果你在与感知者的会议上按时到达了，他们会显得手足无措。

　　裁决者和感知者都会背上行囊走世界，但是，裁决者会带上详细的行程单出发，准确地知道去哪里度过一段美好时光，到达那里后做什么，每个航班上的所有乘务人员叫什么名字；而感知者会带上一张日期不定的机票出发，大概会错过头班飞机，却似乎对此毫不在意，在每个地方随机待上一段时间，在预定好日期的 6 个月后返回家中，觉得自己的行程安排得十分紧凑。

　　如果你是需要面对裁决者孩子的感知者父母，我能够给到的最好的建议就是使用类比。如果你看过电视连续剧《荒唐阿姨》（*Absolutely Fabulous*），而且记得母亲埃德温娜和女儿莎菲之间的关系，会觉得编剧简直太外行了，怎么可能有这样的孩子，为你做的整理工作比你为她做的要多得多。随着他们逐渐长大，他们很可能会越来越不接受你的生活选择，与此同时，你也无法理解他们为什么不能活得轻松一点儿，多闻闻玫瑰的香味。正如你会看到的，负面的标签最有可能在这里飞舞。来自一方的指责，认为你无礼、粗心、没有恒心、不可靠而且没头脑。来自另一方的意见，认为你是一个心胸狭隘、偏执而且无情的控制欲极强的怪物。这会为一些有趣的餐桌对话提供谈资——如果感知者在场的话。

作为父母，要理解差异

我希望你从阅读本节内容中获得这样一种思想：我们都是各不相同的，上面这些都是我们能够用来描述这些不同的方法。我希望它们是一种语言，可以从你们之间共同的行为、态度和信念中，产生可以畅所欲言的共同话题，化解那些互相高声呼喊对方的名字以及摔门的情况。**孩子有按照他们自己方式做事的理由，只是这些不是你的理由**。我发现，透过这样的眼镜去看我孩子的行为是非常令人释然的，因为它制止了我不得不对他们做出的敦促。它时刻提醒我，我看待世界的方式只是众多选择和方式中的一种，期望我的孩子，或者任何人，以这种方式作为标准是荒唐的，也是错误的。花时间透过另外的眼睛看世界，能让你保持年轻。当你的孩子做的很多事情让你感觉好像是在提前催你变老的时候，这种感觉是有意义的。这其实就是一个平衡的问题。

为人父母，我学到的一个大教训（而且我希望我能更早些学到），是与其希望孩子会更像我期望他们成为的那个样子，还不如更多地想想他们会喜欢我成为哪种类型的父母。从自己的角度来说，我们全都是伟大的父母，但是，**为了孩子们的成长成才，我们需要成为什么样的人？**这是一个永远也不会丧失意义的问题，无论他们的年纪有多大。这其实是在讨论如何从他们身上发掘出最佳表现，而不是如何最轻松地做父母。而且，很奇怪的是，通过这样的做法，你的人生道路反倒会变得更加轻松。

　　能够有所帮助的不只是你理解和孩子之间的差异。知道生活在同一个屋檐下的每一个人所属的类型，包括父母、祖父母以及组成你这个独一无二的家庭的所有成员，会为了解人们生活在一起不可避免地会带来的种种麻烦提供丰富的思路。知道了配偶属于地面鸟型，而你属于天空鸟型，会帮助你认识到，与你相比，他为什么会对孩子如此严厉。他并非严厉，只是对事情需要如何达成拥有不同的看法而已（但是要注意，负面的话语不要轻易地说出口）。同样的道理，仅是因为你没有记住让他们从墙上的计划表上勾掉家庭作业，并不意味着你对他们漠不关心。这只是一种差异。大家可以摊开来谈。如果你内向，配偶不想帮你训练游泳队或者为家长教师联谊会筹款，并不意味着他没有奉献精神，给大家做三明治，或者建网站也是贡献。有一个似乎从来不对你敞开心扉的孩子并不意味着你这个父母做得很失败，也不意味着他不爱你——他很可能就是思想鸟型的孩子。不要认为他有什么奇怪的，否则他会在 20 年后来到我的诊所，告诉我他感觉自己有些奇怪。如果孩子关于美好的一天的想法没有天黑的时候，他们大概只是喜欢在所有时候都看到阳光灿烂的视觉鸟。如果他们一路上不停地叽叽喳喳地跟你讲一天里发生的各种事情，甚至连让你安静地冲个凉的时间都没有，他们大概是歌唱鸟。如果你根本无所谓内衣是否是化纤布料的，但是你的女儿却很在意，那么很可能她是感觉鸟，而你却是思想鸟。

经常会有这样的情况，坐在我面前寻求帮助的人根本就没有什么问题，根本就不是他们一直以来被父母贴的那些标签误导他们相信的样子。这些父母其实并不是有意要伤害他们，事实上恰恰相反，他们在尝试让孩子以父母认为更加安全也更加幸福的方式改变自己的行为，也就是变得更像他们。孩子不是遥控玩具，这是一个最容易被忽视的问题。按照他们的方式做事对他们来说是最有效的。引导他们变得更善于引导自己是我们应该做的事情。为了做到这一点，我们需要理解他们的引导系统，而不是试图让他们按照我们的系统运行。

对格言 6 的思考

这是一个要终生思考的问题。至少对我来说是这样。

当有人做出让你不高兴或者恼火的事情，或者只是好像有点愚蠢时，问问自己：

"为什么那个人正在做的事情只与我们之间的性格差异有关，而跟我们本人无关？"

记住，要是事关你的孩子，那你的孙子可能会找你"复仇"。

格言 7

培养内控型的孩子需要勇气

战斗者、逃跑者与呆立者

我在本书中的观点是我们的戒备反应一直以来都是进化武器库中的巨型武器，使我们在数百万年间避开了食肉动物以及其他现实的威胁而得以周全。然而，现在它却在对抗我们，在我们的大脑察觉到我们的自尊受到威胁时，它就开始行动。我说它是在对抗我们，因为它不只不适合承担这项任务，而且造成了完全相反的后果。在戒备机制运行期间，它降低了我们清晰思考的能力。我们能够有意识地施加于行为上的控制力下降了。在现代社会，在我们最需要我们的聪明才智的时候，那些聪明才智却带着臆想出来的紧追着自己脚后跟的老虎，消失在地平线的后面。

把你从有锋利的尖牙的动物口中救下来可能是最好不过

的事情，但是，保护你完全不受来自老板的批评、观众潜在的讥笑或者合作伙伴的失望则是最糟糕不过的事情。

我已经说过了我们的文化对这个问题无能为力。广告商利用我们自尊的缺失向我们销售那些据他们说能够提升自尊的商品。部分媒体往往聚焦人类本性中阴暗的一面，并以此作为消遣。很多新闻的主要特征就是灾难和不幸。我们的政府可能在刻意营造一种危机四伏的氛围来让我们相信我们需要他们的领导。所有这些外部因素都说明，我们中的很多人被触发进入戒备状态的频率超出了必要的水平。而且，紧跟其后的还有我们的父母。

本书的宗旨是让你在与孩子相处的时候考虑两个非常简单的问题，"**他们是在成长还是在做不必要的戒备？**"以及"**我的管教对他们变成内控型或者外控型方面有贡献吗？**"孩子们的大脑会被他们的习惯调整。他们越是意识到自己生活在一个必须时刻提防的世界，就越是会找到这个世界需要戒备、需要远离周围人的证据。他们会学会假定所有事情以及所有人身上都存在风险和威胁（思想者会这样想……）。他们将生活在一个戒备的世界里，这样做会提升健康风险，减少选择的可能性，并限制那些他们甘愿以自己的生命为代价去做的事情。

然而，如果他们习惯于把世界看成是一个成长的地方，身体感受到的焦虑要少很多，他们预计的选择的限制也会更少，而且能够挖掘出自己的潜能。如果从出生之日起就被告知自己倔强又难以相处，他们就会随之变得习惯于以一种不灵活而且不随和的方式应对别人。父母用来描述他们的词语会限定他们，还会带来两种不同的结果——是在他们对自己的认知中挣扎，还是被培养成自由决定自己未来的样子。

如果我们的经历引导我们按照以戒备为主的那种方式生活，我们可能会成为戒备机制为保证我们安全而不断演化的3种类型的人中的一种。如果我再一次遭遇尖牙利齿的老虎，面对这个心里想着要饱餐一顿向我扑来的老虎，我的大脑想到的最佳反应会是什么？我们要么与它搏斗，要么望风而逃，或者屏住呼吸并希望它没有看到我们。从个体的角度看，一般是其中某一种倾向要高于另外两种。请让我用三位客户作为模型：莎伦、凯文以及路易莎。这三位都因为信心方面的问题来找我。想象一下，当我让他们回归过去，找到自卑根源中他们深信不疑的"重大情感事件"的时候，这三位客户对一件相同的儿童时代的事故会做怎样的描述。

莎伦描述：

"我大约8岁，跟妈妈在家里。我想要妈妈跟我一起玩，但是我的弟弟不太舒服，所以她没有空。我感觉好像只要有弟弟在，她就从来都没有空，她总是陪他一起玩。她说不行的时候，我就对她吼，她就扇我嘴巴。"

目前，其他两人的讲述也很相似，这是一种比较典型的情形，孩子会从奇怪的角度来评估形势，并得出结论认为自己没有得到全部的爱，或者说得到的爱少于别人。这是在她认为自己处于父母世界的中心这个先入为主的信念上出现的裂纹。从这里开始，三位客户的反应开始朝着不同的方向发展。

莎伦告诉我："我冲进弟弟的房间里，毁掉了他的一个玩具。"

凯文说："我就是挪不动双腿。我所能够看到的全都是妈妈愤怒的脸笼罩着我。我好像闭上了双眼，内心在收紧，一直等到她走远。"

路易莎告诉我："她看起来非常愤怒，我吓坏了。我转身逃走，藏到我的床下面。"

这三个孩子都得出了这样的结论：他们得到的爱没有其他兄弟姐妹那么多。我的发现是，在那些后来成为我的客户的人身上，蝴蝶效应把它联系到了他们的大脑找到的类似的更远的情形上。这就导致了他们的疑虑。这些疑虑影响了他们对其他人如何看他们的认知，把不被妈妈爱上升为怀疑会不会有人爱自己。如果把这段记忆对应到一个未来面对一群人的事件，就会导致在面对公众讲话时的恐惧。如果对应到同伴身上，那么就会出现一位觉得交朋友很难的成年人。如果对应到亲密关系中，那么就可能出现一个在这段感情中害怕被拒绝的人。这就是我如此热爱我的工作的原因，每一位客户都是个谜题，他们的大脑决定的一连串的事件相互都有关联，促使他们变成了现在这样一位包含了各种局限的自己。在我们的交谈中，大脑的可塑性让我们可以解开那些交织在一起构成这个误解的线索。我们随之挑选出了其中的一些节点，让客户自由自在地生活，没有了曾经束缚着他们的那些困扰。

好了，还是回到正题。对于我的客户来说，这种反射反应可能成为他们受到任何威胁时的行为方式。如果莎伦的老板批评她，她很可能从手推车里把玩具扔出来，并且做出剧烈反应——如果只是口头上说说多好。如果凯文的老板也做了同样的事情，他大概会站在那里，嘴巴鼓得像条金鱼，只是事后会想当时应该说点儿什么为自己辩解。而路易莎呢？很可能会冲进卫生间里，痛不欲生，或者开始隐藏自己手上的工作以免受到更多的斥责。

如果他们的事件链条联系到感情上，那么莎伦就可能产生控制欲和嫉妒。如果她认为自己丈夫盯着别的女人看，就会大喊大叫，或者如果丈夫跟新来的秘书一起工作得很晚，她就会剪碎他的西装。一般情况下，在她遇到新认识的人时，会不分青红皂白地采取拒绝的姿态以阻碍感情进一步发展。在她感觉双方的亲密关系在加深的时刻，她会做出些事情来把他赶走，通常的手段是逼迫他去证明自己的承诺。通常情况下，只有在感情的结束的时候她才会停止对他的考验。

　　凯文将会是个典型的家伙：看到令自己着迷的人，眼睛就不听使唤地往人家身上瞄，说话忽然结巴起来，而且从远处看，整个人都会是一副神魂颠倒的样子。如果他千方百计地建立起了恋爱关系（大部分情况是与追求他的某个人），就会存在这样的危险，他将变成一个受气包，没有能力保持自己的立场，也不可能为了求得平静的生活做出任何努力。

　　那路易莎呢？她会拒绝所有的约会，找各种借口不去跟任何人见面，为所有追求者设置障碍。她如此害怕被伤害，以至于通过与爱情保持安全距离来伤害自己。

　　为了不造成父母们的恐慌——这几句话也许说得有点儿太晚了——我想强调，我并不是说，你每一次的粗心大意、话语中出现的口误、对某个孩子表现出比其他孩子更多偏爱，都会把你视为掌上明珠的孩子送入终生的苦难。这些事件大多只是一个顶峰，周边总是环绕着其他类似时刻的山峦。换句话说，它们代表的是一段时间内的态度，一个关于父母给他们什么样的感受的结论。如果你没有任何限制和条件地对他们表达爱（以他们认可的方式，这一点千万要记住），他们就会一切如常。不完美，但是还行，这是任何人都可以为孩子做到的事情。让他们在你爱的保护下成长，就意味着当你出现恼火、愤怒以及沮丧的情绪时，不知道自己为什么生气时，做了或者说了某些后来感觉后悔的事时，不必担心 20 年后会有人坐在我对面的椅子上为这些错误痛哭流涕。让他们养成坚毅的性格，让他们成长为内控型，让他们在爱的滋养中成长，在这样成功的背景下，你的失误就无关紧要。

我们都需要一个戒备系统。孩子在他们的生命历程中会面临遭遇现实威胁的时刻——车祸、和朋友在外面玩时遇到的事故、公园中一条狗的虎视眈眈、游乐场中霸凌的威胁。由于我们每个人对迎战、逃跑还是呆立有不同的偏好，他们对当时面对的情况做出哪种反应是最佳反应，就存在一定的赌博性质。我很清醒，我能站在这里只是因为祖先的偏好恰巧能应对他们面对的各种威胁，与此同时，数以百万计的其他人则因为没有这样做而消亡了。

看看大家在军队、警察队伍以及消防队中所受到的训练，你就会发现大部分训练就是为了克服他们的这种自然本能。作为一名前警察，我经历过很多这样的场合，当群众唯恐避之不及的时候，我必须要逆向前行。有很多次这样的情况，我感觉到了迎战、逃跑或者呆立的冲动。如果屈从于以暴制暴的冲动，我知道自己将会站在法庭上，面对指控我过分使用武力的自命不凡的法官的一张胖脸。如果我逃走，我对不起这身警服、队友以及公众。而如果我呆立，也完全是同样的情形。所以，多年的训练帮助我压制了这些求生的反应，让我有意识地去掌控局面。事后我当然是全身瘫软。

在年幼的孩子身上，他们做出的大部分决定都源自你的反应所造成的恐怖氛围。一个发生在我孙子希思身上的例子很切题。我们有一只可爱的名叫弗雷德的小型德牧犬，这条德牧犬有问题——讽刺的是，作为治疗师的宠物并没有让它幸免于此。希思当时有 18 个月大，很喜欢围着房子转。出于某些奇怪的理由，弗雷德感觉到了来自他的威胁——也许是一个蹒跚学步的儿童那种不连贯的、随机的动作，谁知道呢？它的反应是跑向他，对着他狂吠。我承认，尽管我知道它肯定不会下口，而且它总是叫几声就不叫了，但是，每次出现这种情况，我的心总是会提到嗓子眼儿。我那位敏感的儿媳妇塔拉却不是这样。看到希思跳开，盯着她寻求该如何应对的眼神，她只是满不在乎地说："弗雷德要跟你说话吗？告诉它嘘嘘嘘!!"同时对着弗雷德摇动一根手指。这样重复了几次之后，希思只是以一根不动的手指和非常可爱的"嘘嘘嘘!!"做出反应，而弗雷德后退了，表情看起来有些恼火。从很小的年纪起，希思已经在学习把他的反应看成是各种选择，而不是他必须要服从的事情。这里不是说要从中训练自然而本能的反应，而是训练他们保持对自己行为的控制。要教会他们选择。而且，通常情况下，这还涉及你的勇敢。

同样，当他们更大一点儿，你注意到他们在社会环境中迎战、逃避或者呆立的时候，坐下来通过他们的选择进行引导的机会也是存在的。下面是一些能够帮助他们反思并重新指导自己行为的问题。

1. 当你有一段想要改变的经历，它感觉最像的情况是：

A. 迎战，也可能是愤怒或者防卫的冲动？

B. 一种僵硬、口齿不清或者很难找到合适的词语的感觉？

C. 逃走或者以某种方式让自己远离正在发生的事情的冲动？

2. 如果这种情况的发生源自某种你很害怕的事情，那有可能是什么事情？

3. 如果感觉到这种情况的是你的朋友，你会对他们说什么？

4. 想象一位你很尊敬的人。如果他们看到你身处这种局面，他们要说什么才会对你有帮助？

5. 思考一下，如果你按照自己喜欢的方式做出反应，在这种情况下你会是什么样子。尤其要注意你的呼吸，你的身体姿态。演练体内的那种感觉，直到你想要它的时候就能够找到。（"如果……你会是什么样子？"）

你还可以教给他们一种用来管理感觉的奇妙的小技巧。这种技巧叫作"旋转"，用在你产生自己不希望产生的感觉的时刻。

旋转

1.留意你的感受。如果要指向身上可以感觉得到它的地方，你会指哪里？

2.如果可以把那种感受想象成面前的一种形状，它会是什么形状？

3.如果那种形状有颜色，它会是什么颜色？

4.在关注该形状的时候，想象它在旋转。它会朝什么方向转？

5.如果你加快它的转速，会出现什么情况？感觉会更加强烈吗？（对于大部分人来说，会更加强烈。我们通过这样的做法来证明大家在掌控着自己的感受。人们总是更容易接受自己会把事情搞得更糟而不是更好的想法。如果是感觉更弱，很好，这是我们想要的结果。）

6.现在，把速度降回原来的水平，让你可以看到自己在掌控着它。

7.现在，让它转得更慢，越来越慢，越来越慢，一直到它慢慢地停下来。当你注意到它停住了的时候，注意还发生了什么其他情况。注意你的呼吸、你的感受。

稍做练习，大家很快就能够采用这种技巧调整自己的情绪。他们对自己做这种事情的能力越有信心，产生那种感觉的频率就越低。通过采用学过的这些做法，他们就不再是自己情绪的奴隶。为了让这个练习更加简单，我录了一段视频指导你或者孩子来走通这个过程，可以免费下载（下载地址：www.questinstitute.co.uk/growresources）。

对格言 7 的思考

....

　　战斗、逃跑和呆立在合适的环境里都可以是恰当的反应；重要的是改进你的选择。如果你认为孩子正在养成一种默认的反应，通过把他们放进类似的，但是恐惧或者焦虑程度较低的环境中，鼓励他们保持控制力。事后，坐下来跟他们谈谈他们做了什么以及下一次应该做什么，重点强调这就是一种行为，无关他们的人品。教会他们旋转技巧，以便他们拥有在这样的时刻控制情绪的方法。

不要寄希望于他人

现在，我已经多次提到过吉尔·博伊恩。他是格式塔疗法（Gestalt therapy）之父弗里茨·珀尔斯（Fritz Perls）带出来的唯一一位催眠治疗师。博伊恩从珀尔斯身上学到的一种方法就是所谓的格式塔祈祷（Gestalt Prayer），即治疗师在做某些具体辅导之后，让客户反复念诵，这个过程通常涉及对客户童年与其父母中的一人或者二人关系的重新评估。

这个祈祷有一部分以两个陈述句的形式出现。他们说的第一句与其父母有关：

> 我不是为了满足你们对我的期望而来到这个世界的。

把这一点与你自己的父母联系起来考虑一下。想想你的某些生活是由努力实现父母对你的期望驱动的，无论这些期望是明白说出来的，还是悄悄传递出来的。如果我把它应用在自己身上，可以十分清楚地看到，我加入警察队伍主要是为了寻求爸爸的肯定。我是一个来自具有非常坚定的工人阶级价值观的家庭里的小学霸，是家里第一个考入文法学校，并且获得 A 级成绩的人，所以我被认为有点儿异类。我想在大学里学习哲学，这个想法未能如愿。

我走出学校，战胜了其他 90 位申请人，在一家出版公司获得了一份工作。我父亲以他惯有的那种玩笑方式对此做出回应，把我说成是一个"屁股闪光的文员"。我兄弟 16 岁时离开学校，加入了警察学员队，在我看来，他似乎立马就功成名就了。现在回想起来，我很是确定，我加入警察队伍，是为了打击我兄弟的嚣张气焰，并通过这样的做法让我在父亲眼中的地位提升一点儿。我无意识的计划成功了——比他提前升职，但是，在改变我认为的父亲对我的看法方面却失败了。而这把我带向了一个花了 18 年时间才改变的职业方向，因为我深深地陷入外向型之中。

我并不是想通过跟你分享这件事情来责怪我的父亲（他对我的看法主要来自我头脑里的想法——思想者的认识在作怪），而是让你认同你的某些生活方向会被来自父母的输入驱动，包括你会赋予他们的输入意义。我也想强调一下我父亲如何把他的某些童年传递给了我。他来自一个典型的工人阶级家庭，离开英国皇家空军之后，以驾驶卡车为生，之后做出了一个巨大的转型，去做汽车销售。在 4 个孩子嗷嗷待哺的情况下，做出这个转行的决定非常不容易，但是尽管受到了与他很亲近的家族成员所说的"应该坚持做自己了解的行业"的种种压力，他还是坚持下来了。有趣的是，尽管他自己的转行很成功，而且转换到了卡车销售领域，但是他从来没有过进入管理层的想法。或许，对于一代人来说，这一步跨得有点儿太大了。

　　然而，可笑的事情是，在轮到我的时候，他给我的压力跟他当初自己曾承受过的一模一样，而且也是出于同样的理由——让我朝他自己的过去、他认为安全的方向转。我选择相信所有的行为都有一个正面的意愿，甚至在它造成了负面结果的情况下。我把这看成是一个典型的例子。我在客户和朋友身上也经常看到这样的情况，而且在为人父母的时候，我也亲身感觉到了它的压力。尽管对我自己来说，离开一份有保障的工作，以一位自由职业的催眠治疗师的身份自谋生路是可以的，但是当轮到自己的孩子时，我感觉到了戒备机制迫使我让他们做出安全的职业选择，尤其是现在希思、萨莎和塞思跟我们生活在一起。所以，我现在明白了我父亲的情况。出于对我的爱，他无意识地把我推离了我的根，尽管他自己在尽力尝试寻找自己的根。至于他常常以讥讽和绰号行为处事的方式，那就是他的家族拥有一个强大的信念，认为男人就该是强壮的，而且应该相互动粗。我后来明白，他的父亲叫他的那些绰号，被我父亲解读为一种宠爱的标志。
从能够公开表达感情的角度看，这在粗俗的男人之间很普
遍——我在警察同事之间也见到了很多，只是年轻的我当时
没有把它看成是这样的情况而已。不幸的是，我父亲把它们
解读为那是来自他父亲的宠爱，而我则解读成了相反的意
思。我花了很多年的时间努力活成我认为他想要我成为的样
子。我相信，人们都会竭尽所能用自己得到的东西去做到最
好。有时候，我们的父母没有足够的方式，明确地对我们表
达出他们的爱，或者他们行动背后的意愿。意识到这一点的
时候，我告诉过自己的有关我在父亲眼里不够好的想法转眼
间就消失不见了。

我希望跟你分享这些能让你对生活中一些决定的动机有
所认同——或许还能提供一种催化剂，让你开始改变那些不
满意的事情。我希望它能帮助你理解，追求自我成长是多么
容易，却有可能无意识地让你的孩子进入警戒之中。好的家
教需要勇气。

如果我的故事没有引起你对父母的共鸣的话，那他们做得
很好，没有把他们的期望传递给你，也没有让你的选择的价值
取向与他们的保持一致。好吧，关于我的事情就讲这么多了。
还是回到吉尔以及他们的两句话上。

第一句：

我不是为了满足你们的期望而来到这个世界的。

当与客户们一起做这件事的时候，我发现他们很容易就把这句话联系到了自己的父母身上。结果就是，他们会感觉到千斤重担从自己的肩上卸下来了。通常情况下，第二句话会更难说出口，也更难理解。这也是说给父母听的：

你们不是为了满足我对你们的期望而来到这个世界的。

等一下……所以，我的父母不一定要忍受我的废话，不必总是倾其所有来帮助我解决最近的生活危机，不该暂停自己的计划来帮助我走出经济上的困境吗？他们拥有害怕和无助的权利吗？你说的是真的？我真的在合同里看到过这样的条款了？

看到这里的大部分人都很幸运，还有你能够继续依靠的父母。没错，他们有自己的毛病，但是你很少会怀疑他们对你的支持。花点儿时间想想这个问题。如果你放下对他们的期望，他们会比现在自由多少？如果你不能依靠他们，你会更欣赏他们多少？

把自己置身于代际迭代中看看下面的两个问题。

你的孩子不是为了满足你对他们的期望而来到这个

世界的。

　　如果你很快地读出了这句话，我希望你认同这句话，但是再读一遍。你真的同意这个说法吗？毕竟，迄今为止你千辛万苦地养育着他们。你做出了无尽的牺牲，而且把自己的生活变成一个可以安置他们的新样子。你不该有点儿期望，能够分享一点儿他们生活中的乐趣，以及某些权利，用自己的阅历对他们选取的道路施加一些影响吗？没错，你应该有些期望。但你没有这样做的权利。而且，要把这二者区分开来真的很难。

　　我们大脑的设计是为了让我们有所期望，要不是这样，我们就不会知道失望是什么意思。现在你们知道了镜像神经元。当我们考虑孩子的选择时，会情不自禁地运行对他们的模拟，并从中衍生出有关他们的最佳选择是什么的意见。这是我们犯下的错误。你不是你的孩子。他们将用来做出选择的那个大脑并不是你刚刚用于运行对他们环境模拟的那一个。他们拥有的资源、看待世界的方式以及他们有而你没有的东西，和他们没有而你有的，都意味着他们做出的模拟跟你的存在天壤之别。他们不可能以你的方式过自己的日子，而且他们也不会。

　　这并不意味着你不该给他们建议。下面就是当我的客户寻求我的意见时我说的话："我会给出我的意见，但这并不是说你就该遵从，我的意见或许能让你看到某些对你有用的事情。你怎样处理它是你自己的责任。"

我使用"责任"这个词作为我们为人父母的目标的一个认真的提示——培养一个内控型孩子，会倾听他认同的人的意见，有时候甚至也倾听他并不认同的人的意见——然后做出自己的选择并拥有它。这就把我们引向了第二句话：

> 你不是为了满足你的孩子对你的期望而来到这个世界的。

孩子的生活中总有这么一个时刻，很适合让你"放下他们"。观察小鸟和它们的幼鸟。鸟爸爸和鸟妈妈不知疲倦地辛勤劳作，给孩子们带来虫蛹和各种食物，清扫鸟巢里的残渣，鼓励幼鸟们长出羽毛——获得能够以自己的力量飞离鸟巢的方法。大多数鸟类会在羽毛长成之后继续给幼鸟提供一段时间的食物，但都是在靠近食物的地方来做这件事情。很多次，我在花园里看到距离喂食器仅咫尺之遥的幼鸟扇动着自己的翅膀，请求它们的妈妈把鸟食转送到自己嘴里。这种情况很快就成为过去。接下来就是这样的情况：鸟妈妈和鸟爸爸让它们自己去取食。幼鸟毫无疑问会抱怨这样太不公平，但还是开始自己取食了。

我有一些客户，他们来找我的时候仍然扇着翅膀。他们抱怨父母如何不理解自己的生活有多么艰难，父母如何不支持，如何吹毛求疵——证据就是父母拒绝为他们最近的生活危机买单。这类客户总是把父母的角色投射到整个世界——他们的老板不公平而且贪得无厌，生活是如此艰辛，宇宙从来不给他们一点儿喘息的机会。他们坐在那里，扇着翅膀，并且恳求我，成为他们一系列的父母形象中最新加入的一个。

孩子对我们有期望，这是不可避免的，这种期望大部分是在他们看不见的情况下得以满足的。毕竟，你可能已经花费了差不多 20 年的时间才完成提供者、保护者和"跌伤膝盖的心疼者"的角色。在孩子一生当中会有这样的时刻，适合你暂时回到这个角色去面对生活中的危机，但是回到这个角色意味着你必须是之前已经离开了。如果你一直都在保护着他们，为他们奉献并且抚慰他们的每一次跌倒，怎能期望孩子能够在这个世界上茁壮成长呢？前 20 年养育他们的过程中应该逐步把履行这些责任的义务转移给他们，不要把这些责任看成是不变的，更不是理所当然的，否则，当他们年满 30 岁的时候，你仍然还在为他们浆洗煮饭，跟他们一起外出的时候帮他们承担所有的费用，而且给他们的老板打电话问为什么你的小宝贝还没有得到升职的机会。

解除孩子的期望对你的奴役，最佳的办法是随着岁月的流逝，逐渐从他们的生活中撤出来。教会他们明白，他们的所得与付出相关——尤其是在金钱方面。通过培养他们成为内控型的人，教会他们保护自己，教会他们坦然面对受伤，把这看成学习的机会。这意味着你将与成年的孩子之间建立成年人的关系，而不是过一种把满足他们的需求放在首位的周而复始的生活。顺便提一下，我认为走向真正成年的步骤之一就是把父母从妈妈和爸爸的神坛上拉下来，并把他们看成是哈罗德和希尔达。我不是说应该对父母直呼其名，这样做仍然会令一些人觉得很奇怪，我的意思是把他们看成普通人。有时候，生活中会出现些事情让这种情况发生。在我21岁的时候，父母离婚了。我当时已经离开了家，所以，从我的方面看这都不算是什么大事情，但是它确实造成了一种重大的转变——我父母变成了普通人。他们忽然间从妈妈和爸爸一般意义上所代表的形象变成了有血有肉的凡人：有时候会被惊吓，有时候会很愚蠢，有时候也会错误不断。在这个过程中我失去了一些东西，但我觉得这是值得的。我看到不少客户从来没有让自己与父母之间的关系随着自己一起成长。妈妈和爸爸的称呼让大家仍然去倚仗和依赖，亦步亦趋，而且也尽量去铭记。很多客户在失去双亲或者其中某一位的时候痛不欲生，通常在此后的数年间都无法开始自己的生活。努力以成年同事的身份与父母相处，这是走向内控型的一个重大步骤。在孩子20岁以后，鼓励他们也这样做。

时刻牢记，**你们不是只生来为人父母的**。在这个标签之外的生活领域，每一个角落对于你的幸福和成就来说都同样重要。你不可以只以妈妈或爸爸的身份存在，否则，孩子对你的期望将会导致你对他们也怀有期望。最终出现的相互依赖关系会让你们谁也长不大。

我也有为人父母的客户，尤其是母亲。差不多只有母亲，如果说实话的话。其实只有母亲，如果我真的十分诚实的话。她们跟我讲自己的生活失去了意义。她们感觉沮丧和空虚。她们的孩子已经离开了家庭。她们花费了这么多年去满足孩子们的期望，让自己不属于"妈妈"的一面渐行渐远，她们觉得自己所拥有的唯一价值就来自那个身份。她们把毕生的精力倾注在母爱里，自己留下的只有空虚。你应该听说过"空巢综合征"。如果你是位正在阅读本书的"妈妈"，或者是符合这种特征的父亲，请让生活中"非妈妈"或者"非爸爸"的部分成为自己人生存在的关键部分。当孩子远走高飞的时候，你的生活不仅会丰富多彩，你们之间随后的关系也是如此——因为他们会跟你讲他们纵横四海的冒险经历（你已经把他们培养得足够内控型，可以勇敢地出去闯荡），你也会有自己的故事去跟他们分享。在我们的身份中，做好妈妈和爸爸应该永远胜过做好迪克和哈丽雅特，这似乎成了"完美家教"这个现代专制的重要组成部分。在它们之间找到一个平衡点，它们会互相成就。单单只做父母，你很可能会精疲力竭、沮丧，而且失去作为一个人最主要的感受。

对格言 8 的思考

　　向自己提问下面这些问题，看看会是什么结果。如果你花时间（而且真正诚实地）去想，它们可能会让你有些不舒服。

· 你认为父母对你有哪些期望？

· 在审视自己目前的生活时，你认为那些期望是如何影响你的生活的？

· 你仍然在做的事情是因为感觉那是父母想让你做或者同意你做的吗？

· 你正在把这些思想传递给自己的孩子吗？

· 你是如何传递的？

· 你对孩子有哪些期望？

· 你如何跟他们沟通这些问题？

· 这本书已经读到了这里，这是你真正想要做的事情吗？

如果不是，你能做些什么其他的事情来替代？

第四部分

——

与年龄共成长

我不是很愿意写这一章把儿童时代分成不同的阶段的文字，因为我不是儿童发展领域的专家，但是我掌握了一些与某个时间框架非常相关的东西。我曾经说过，如果你能完整地阅读本书，就会从中获取最大的价值，对于下面这部分内容，这种说法也是毋庸置疑的，但是，对于大部分读者，这部分内容，他们肯定只希望了解与自己最为相关的那些。不要有什么压力，想怎么做就怎么做。

怀孕期

孩子成长的第一站

从开始之前着手

你可以对孩子产生的最早期的影响，是在怀孕期间采取一些必要的步骤，让你作为一个母亲所经历的正面感觉得以最大化。我知道这样做并不是轻而易举的事情。有时候，这甚至是不可能的事情，但是，在十月怀胎期间，如果你创造机会，有意识地刺激副交感神经系统（体内释放与放松和安静有关的激素的那部分），就会收获意想不到的效果。你或许会发现自己仅仅通过 10 分钟有意识的放松中，就能体验到持续一整天的好处，而且消除了可能让你紧张的所有问题。

在希思的母亲塔拉怀他的时候，塔拉学会了一套帮助她放松并将与胎儿的正面联系视觉化的技术。这样的状态产生了正面的激素内啡肽。让孩子的大脑浸泡在这些物质里，而不是浸泡在焦虑激素中，这样的结果会有多大好处？如果这是他的大脑最最习惯的回应方式，孩子在遇到事情的时候，预期一个积极反应的世界的可能性会有多大？希思是我所见过的孩子中表现得最为沉着的一个。或许只是我们非常荣幸，他有这样的基因，但是我认为，母亲的情感状态，以及她血液中的成分，也起到了很大的作用。

我对向母亲们讲授简单的放松和视觉化技术有着极大的兴趣。我特别为怀有身孕（或者认识怀孕的人）的读者收录了一份文件，让你们能够养成通过设计达到安心的技能，并为你们打造出与胎儿建立联系的最佳方式，让他们能够在你们的爱的环绕之中度过整个孕期。我无法证明这种做法是切实有效的，只有那些信誓旦旦地认为有效的女士们给出的评价。如果你愿意下载，只需点击进入 www.questinstitute.co.uk/growresources。密码是 chelseaforever，之所以用这个密码，是因为我想让阿森纳的球迷经历很多个不眠之夜。

所以，不需要安装旋转木马，你就能给你子宫中的孩子一段完美时光，这就是你的思想所起到的作用。我不会去讨论饮食，因为那不是我擅长的领域。你将以自己的饮食构建你的孩子，这样说就足够了。如果你由于贪吃巧克力而在他们的血液中注入了大量糖分，那在你整夜躺在床上无法入睡的时候，就不要大声抱怨你的孩子会有多容易惊醒。某些婴儿需要输液，才能戒除他们的母亲稀里糊涂带给他们的糖瘾，这是一件很悲伤的事情。**子宫是帮助孩子的大脑成长的第一站**。请切记。

但是，我再次向你保证。子宫只是调整孩子走向成长的第一个地方。紧张（以及吃掉大量的巧克力块）可能是孕期不可避免的一部分，而且如果你的情况一直都非常艰难的话，增加自己的压力并没有什么用处。孩子大脑的可塑性超乎想象，所以，他们出生时的情况并不代表他们的未来无法改变。让孩子能够以一种更加放松的方式看待世界，你还有很多别的事情可以做。我很肯定地说，如果你遵循本书的理念，以身作则，不管你的孩子的大脑在子宫里面的时候是什么情况，都将出现正面的改变。改变思维习惯的努力，永远都不会太晚。

锚 定

在孩子身上养成一种每次给他们具体的刺激都可以促成的正面反应会有用处吗？实际上，这样对你不是也很方便吗？这样的情况是存在的。这种做法被称为"锚定"，而且它是基于巴甫洛夫条件反射的尝试和信任原则而提出的。你可能听到过这种说法，"一起击发的神经元捆绑在一起"。从根本上说，这种理论认为，如果两件事同时发生，它们就会关联在一起。锚定在日常生活中的一个例子是交通信号灯。

你或许开车的时候在做白日梦，但是如果信号灯变成红色你的脚就会不自觉地移动到刹车上——有时候就算你是坐在乘客座位上也会做出这样的反应。广告主花了数百万试图把他们的品牌"锚定"在一个产品上。你应该还记得 Beanz 意味着什么？一个像这样成功的联想意味着在我们浏览烘焙好的咖啡豆货架的时候，很可能会无意识地首先注意到亨氏的咖啡豆。如果你避不开广告，留意一下里面有多少基础性的锚定创建练习。

已经有多项研究证实，孩子在子宫里会对音乐做出反应，而且也已经证实，听巴洛克音乐（最常见的是莫扎特）可以提高其学习的能力。把这两件事情放到一起，你就会得出"莫扎特音乐适合天才儿童"的结论。我不知道这个方法是不是有效果，但是我确实认为可以把音乐作为锚来使用。

从我们的角度来说，如果孩子还在子宫里的时候你给他播放音乐，尤其是在他安静的时候，有很大概率会出现这种情况：他会把该音乐与子宫里所有美好的感觉联系起来，包括与妈妈的关联。他出生以后，如果你在哄他入睡的时候播放这段音乐，在这个点上"击发"锚，就会复制他的这些联想，他就会更快入睡。你越是经常地以这种方式使用锚，锚就会变得越强大。可以使用你喜欢的任何一首舒缓的音乐。如果你发现莫扎特的曲子确实引人入胜，那么为什么不选一首呢？

有很多事情你都可以锚定在孩子身上，以促使他们进入对事物的正面反应。孩子们对它们的使用十分自然——就像用一只泰迪熊来安慰他们（而且难道这不正好解释了它丢失时，他们总是大惊小怪的行为吗）。不过，下面是一个关于锚定的警示故事。当我妈妈训练我大便的时候，她会坐在一旁鼓励我跟她一起翻看一本书。很显然，这对我造成了很大的影响，因为一直到今天，要是没有很迫切的需要，我都不会走进书店去浏览一下……原因嘛，你懂的。所以，对你建立的锚的后果，要尽量想得长远一点儿。我分享的太多了吗?

0～7岁

爱是唯一的需要

现在，他们已经来到这里了，接下来该怎么办？

有一个受到很好照顾的孕期（对于我所说的那些事情，男人一般情况下做到了多少？）之后，在他们出生的时候，要做些什么才能给他们提供生活中最好的机会呢？

在培养婴儿的智商方面，出现了这样一种潮流，似乎智商是幸福生活，或者甚至是成功生活的最佳指标。我前面提到过莫扎特产品系。这仅是一个寻求说服你相信他们能够帮助你的孩子在扔掉纸尿裤的时候，就进入大学的那个巨大产业中的一小部分。情况是这样的：我们都想让孩子成功，在我看来，是因为我们认为成功等于安全——好的工作、不错的房子、有保障。我有大量这类客户，按照这种指标看，他们都很成功，但是他们却来找我，因为他们不幸福。为什么不幸福？因为他们不喜欢自己。他们害怕别人也同样不喜欢他们，担心自己不够好，会被别人拒绝，只有完美才算足够好。有时候他们害怕自己会很愚蠢，尽管世上所有的证据都表明事实并非如此。如果你正在阅读这本书，那么低智商的问题大概不用担心。把成功定义为过上一种幸福和满足的生活是我为本书所设定的目标。这就是我想要帮助你和你的孩子实现的目标——独立于你们具体的抱负之外。

对于你的孩子来说，在他们生命中的第一年，以及随后的四五年间，你所做的事情在帮助他们创造幸福生活方面将会起到非常关键的作用。在达标必做的清单上，替他们报名参加"迷你爱因斯坦课程"并不算多高的要求。与其他孩子大量地交往，大量的户外活动，以及尽可能少看电视也是如此。

大量地抚触

这本书讲的是把孩子培养成有毅力、积极主动、开放包容、幸福、可靠的成年人；讲的是训练他们的大脑把世界看成是一个成长的地方，不要有不必要的戒备思想。这个过程最开始要让他们感觉到放心。你知道吗？每天简单地抚触一个早产儿 15 分钟，会让他提前 10 天出院，与没有得到抚触的婴儿相比，他的体重会增加，而且在健康支出上会节省大约7000英镑。去抚触你的孩子吧。

在老鼠身上做过的各种实验揭示，被舔过以及清洗过的幼鼠，长大后抗压能力更强——而且研究者甚至知道了原因。清洗触动了老鼠身上负责控制在其成年后处理压力激素的那部分染色体。充满了爱心的抚育的影响直达我们的DNA，而且可以消除大量的负面环境影响。一位名叫布莱尔的科学家发现，养育出有心理问题的孩子的典型环境，比如家庭不和、房间狭小以及贫困，只有在他们有一个不负责任或者漠不关心的父母的情况下，才会对孩子的压力水平有影响。如果家庭教养够好的话，这些因素似乎就变得毫不相干了。当披头士乐队高唱"爱是你唯一的需要"时，他们是有所指的。在孩子生命的头一年里，不要担心"惯坏"他们，再多的关心都不嫌多。在头12个月里，他们越是感觉安心，以后所需要的关怀就越少——在应该开始把他们轻轻地推向独立的时候。如果他们在2岁或者3岁的时候仍然要求跟你同床睡，那就是你还没有进入那个步骤。这可以作为一个指标，说明他们还没有做好成长的准备。鼓励他们朝着没有你在也能行的方向努力，开始可能会需要你付出更多的关心。

然而，那是后话，对于现在的情况来说，头12个月很直接，或者说很简单。跟他进行眼神接触，大量的眼神接触。让你的面孔传情达意，因为婴儿对这样的面孔做出的反应更多。抚触他们，怀抱他们，背着他们。对他们的哭闹做出反应，等你掌握了这些哭闹的区别，知道哪些是来控制你的，哪些是提出需要得到满足的需求的，再分别对待。下面是另外一个我深信不疑但是无法证明的事情（一般情况下，科学不相信能够唤回如此年幼的人的记忆）：我已经追溯到了很多客户孤独地躺在摇篮里，感觉自己被遗弃以及不被人爱的记忆；然而，只有那些经历过这种待遇的代表样本才会这样解读，那些父母只是把他们留下来看看他们是否能安静下来，如果不能的话就及时给他们反应的不会这样。不用担心这种方式会对他们造成不可逆的伤害，除非让他们哭了几个小时，每次他们一嘟囔就抱起他们来，是在以一种对他们的每一个小心计都做出反应的方式训练他们，这种情况在他们进入 40 岁以后你仍然无法摆脱（记住是谁在训练谁）。

过去总是认为，记忆只有在大脑的海马体出现之后才能够被唤醒，这个时间一般在 4 岁左右。现在已经证实，孩子能够对他们在子宫里的体验做出反应，比如给他们播放的音乐，所以，很显然某种类型的记忆在此很久之前就已经在工作了。我接受进入这种记忆是有争议的这种说法。然而，我必须报告，我的很多客户确实有这种记忆。我认为这个阶段得到的记忆不像记录事件的录像带，它们更像是对他们如何感觉的解读，并转换成了电影。客户感觉到的导致他们成年后出现问题的真正早期事件集锦，与不被需要，或者不被爱，以及父母的缺失这种感觉有关。所以，我的建议是让他们跟你在一起，搂抱他们，抚触他们，跟他们说话，通过你的语调和表情富有感情地跟他们相处。我认为不需要让他们跟你睡一张床（但是这个由你来定），只要确保你处于可以回应他们需求的范围就可以。如果你认为这种方法听起来很像在遵循很多西方人认为很"原始"的文化的育儿方法，那你是对的。

小心你的语言

从最初的时候开始，一定要小心你描述自己孩子的方式。尽管某些特质和特征似乎是与生俱来的，但绝大数时候**是你把孩子培养成了他们现在的样子**，而且前7年是至关重要的。如果你从一开始就负面地描述他们，比如暴躁、不随和、固执、淘气或者坏，这将会改变你对待他们的态度，甚至你自己都没有意识到。有一个被称为行为周期的模型。它认为你的态度改变你的行为，你的行为改变"我"的态度，进而改变"我"的行为。

你的宝贝对你待他的态度超级敏感。你希望他变成什么样，就怎样去称呼他，这种做法会影响你解读他的行为的方式。如果汉尼拔·莱克特没有被他的妈妈叫作淘气包，或许最终的结果会与现在的情况完全不一样。在认知催眠疗法中，我们的做法都建立在这样一个基础上，就是**所有的行为**

行为周期

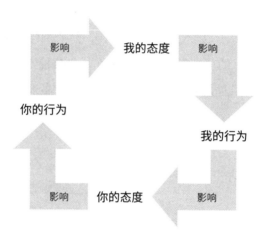

都有一个目的。把这种思维模式应用到你的孩子身上，你就会对他们行为背后隐藏的东西保持好奇心。这会帮助你避免给自己的孩子贴上针对他们性格或者人格的负面标签。总的来说，他们哭喊时，或者无法安静、难以相处时的所作所为，是在表达一种需要。当你在考虑这个问题的时候，他们可以用来跟你解释的方式非常有限。在给他们贴不合群、固执或者不怀好意的标签之前，请先为他们的挑衅行为找找环境、发育以及饮食方面的原因。

别让他们停下来

　　当我照看婴儿期的希思时，很容易把他笨拙的动作误解为随机的动作。事实并非如此。他做出的每一个动作都在不断地改进，抓住物体的每一次尝试都提升了他的目标。他是一台学习机器。我记得在他 14 个月大的时候来我们这里过圣诞节，我试图接住他朝我这个方向扔过来的橘子的夸张动作，引得他咯咯地笑出声来。当他爸爸加入游戏的时候，他改变了目标，把我们两人都包括在内了。来到这颗星球仅仅400 多天的时间，这个举动令人印象非常深刻。年轻的时候，我们吸收新的运动模式的能力处于可塑性的高点。随着年龄增大，我们一般拥有了更为固定的节目单，这就是我们最终都会面临以我们的舞蹈去迎和他们的歌声的尴尬局面的原因。孩子越是致力于学习如何移动的技能，他们将来就越有可能发展出对体育运动的天赋。中国的体操运动员从 3 岁开始训练，优秀的足球运动员的孩子参加职业比赛的几率比他们的朋友更大，20 岁的时候才决定参与一项运动并靠它谋生大概只能是梦想，这其实都是有道理的。你越是刺激孩子从小用好自己的身体，从给他们东西让他们去抓，到给他们站立的机会，去玩翻滚筒、儿童瑜伽，与妈妈、爸爸在地上打闹，他们就越有可能成长为一个身体协调、体能良好的成年人。安德烈·阿加西（Andre Agassi）的父亲在他刚出生不久就用细线绑了个网球挂在他的床上作为移动物，让他追踪小球的移动。当然，这只是道听途说。

　　要记住的关键问题是，这种技能必须是某种他们喜欢的东西。有多少孩子由于被强迫参与父母喜欢的体育运动，或者由于体育老师的轻微体罚而失去了体育活动的乐趣？经历了 11 岁时在冬季的寒风中跑步穿越肯特郡丘陵中的乡村这样的痛苦，我在 40 岁之前再也没有为了乐趣跑过步——而且在后来，跑步也只是为了给贝克斯留下深刻印象。猜一猜那是如何进行的。

　　让运动成为他们的乐趣以及日常生活的正常组成部分——孩子需要的鼓励很少——能够让它融入他们的生活方式，这样的话，体育活动就不再会被质疑。它对健康很有益处，同时也能提高思考的能力。在考试前做 20 分钟剧烈运动已经被证明能够提高成绩，而且那些曾经健身的人在晚年生活中患阿尔茨海默病的概率显著降低。在美国，一种被称为新体育的方法提高了那些在体育方面天分不高的孩子的兴趣。这种方法注重努力而不是技能。在早些年里，竞争是游戏和运动追逐的最后结果；这种方法是以快乐为追求的另一条大道，让孩子大汗淋漓，而且在入睡前，累并快乐着。

　　2011 年，抗抑郁药物左洛复被开出了 3700 万个处方，然而，研究证明，运动其实更为有效。当我的客户呈现出情绪不高的情况时，鼓励他们重新与运动结缘是我所做的首要的事情。基于一盎司的预防要好于一磅的治疗的理念（我曾经尝试过转换成公制，但是老版本似乎更好听），只需要从一开始就让运动成为他们日常生活的一部分，就能够让孩子免受抑郁的折磨，这听起来是一个多么好的想法啊！

动手也是运动的一种形式。花时间帮助孩子一起整理他们的物品和工具，耐心地让他们解决问题，不要因为你可以做得更快而接过他们手里的事情，这是一种应该受到高度评价的亲子技能。我有过不少拥有一位没耐心的父亲的男性客户，这些人的父亲不愿意花时间让兴趣盎然的儿子提供"帮助"——从汽车机械师到演示如何种蔬菜，再到精疲力竭的时候在自家的家庭运动馆里多待一会儿。结果就是，他们带着一系列受限的信念长大——关系到他们的实践能力、阳刚之气，或者可爱程度。年幼时学会如何转动螺丝刀对他们大脑的成长是一种很好的训练，但是，在父母传授自己技能的那些时刻，孩子学到的绝对是对提高他们自尊有极大帮助的黄金黏合剂。

要么都好，要么都坏

对于这个年龄段的孩子来说，要记住的一件重要事情就是，他们眼中的世界只是黑白的；事情不是对的就是错的，不是好的就是坏的。你要么赢得一项竞赛，要么输掉。这被称为"名义处理（nominal processing）"。在你开始进行冗长的解释为什么输赢不重要，重要的是参与之前，请把这一点牢牢记在心里——从阻止他们流泪的角度来说，这个解释没有任何的作用。稍后，他们会形成更为微妙的能力，能够辨别不同的灰度，但是对于让道德问题简单化，以及适度地认同泾渭分明的边界还为时过早。已经证实当孩子们得到明确指示，知道哪些是"正确的"行为，哪些不是的时候，会更加快乐。出现的例外和自相矛盾的情况越多，他们被弄糊涂的可能性也就越大。

全都在于思维方式

有人说，"把7岁的男孩交给我，我会还给你一个男人"。某种程度上，我同意这样的说法。当孩子超过7岁时，你对他们的影响力就逐渐退到了他们同龄人的后面，但是我把这种情况更多地看成是你角色的转换，跟你所做的努力没有任何关系。只是你将不得不以一种不那么直接的方式去影响他们。很可能的情况是，到了此刻，你的养育已经关注在培养内控型心态上，所以，基础已经打好了。现在，我们想要确定它已经被纳入孩子看待世界的习惯方式中，尽管他们对大多数想法会去咨询自己的朋友，看看够不够酷。到了7岁，他们应该确定了你对他们的爱，这也是为什么随着他们世界的扩张，他们变得很在意来自小伙伴的评价。

全都在于思维方式

在培养一个在生活中大获成功的孩子的过程中，最关键的因素就是思维方式。我想从向你提出一个有关你的才能，或者智力，也或者价值的问题开始。你认为那是固定不变的吗？你认为人天生就带有某种水平的脑力和幻想，而且会一直如此吗？如果答案是肯定的，这种情况就被称为一种定型思维。或者，你深信没有什么东西是一成不变的？你可以随着时间的推移变得更聪明，进一步提升自己的才能，开发自己？你相信与天生的相比，我们更多是被塑造的？如果情况真是这样，那你拥有一种成长型思维。

在观看《今日赛事》（*Match of the Day*）节目的时候，我看到了这种情况在现实中的体现。两位足球专家阿兰·汉森（Alan Hansen）和阿兰·希勒（Alan Shearer）在讨论一位名叫西奥·沃尔科特（Theo Walcott）的阿森纳球员的优点。我无法一字不差地复述他们的原话，大意是：

阿兰·汉森："麻烦的是，他就是没有足球脑子。如果天生没有，那就不会有。"

阿兰·希勒："我不同意这种说法。我想你能够看到他在不断成熟，而且与去年相比，他在带球过人的时机选择上做得就要好得多。"

你会想让谁做你的导师？

作为父母，考虑一下你对思维方式的看法。你可能更想要注入孩子身上的是成长型思维。定型思维会让你更在意别人如何看你——这明显就是外控型的人。成长型思维把焦点放在那些可以改进的问题上。

在面对失败的时候，定型思维的人更可能把它引到自己的身上——"我不够好"，而有着成长型思维的人只是会得出结论，"我没有成长"，他们对此的反应更有可能增加自己的努力，因为失败被看成是学到更多东西的机会。定型思维的人把努力看成一种负面的东西——"如果我真的有天赋，我就不需要这么艰难地去尝试"。

下面是一些按照你拥有的思维方式做出反馈的回应：

定型思维	成长型思维
"没有意思，我要放弃了。"	"如果再努力一点儿，我一定会提高。"
"我改变不了，我就是这样的人。"	"我一定能够比今天的自己更好。"
"我就是垃圾。"	"我是一件完善中的作品。我可以改变。"

| "得到的反馈让我很生气！" | "我不该发这条信息。从这件事里我能学到什么？" |
| "我的失败真的让我无地自容。" | "没能打倒我会让我更强大。" |

美国的一项研究表明，大学里最靠谱的可以预测成功的不是智商，而是坚韧不拔，绝对的坚持。我也从我的那些研究生学员身上看到了这一点。很多才华横溢的治疗师满怀着建立一项成功事业的意愿，信心满满地离开学校。几年之后，预示了他们做得如何的决定性因素是他们的恒心——在找到并脚踏实地地建立自己的生意方面，他们能有多大的毅力。成长型思维就是驱动这种持之以恒的决心的东西。

有意思的是，持之以恒作为一种特质在 4 岁的幼儿身上都有迹可循。对他们展示某种东西的时候，定型思维的孩子只是在讲他们的答案是对还是错的时候会关注，在听到能帮助他们学习的信息时则表现得毫无兴趣。定型思维的孩子在事情稳稳地在他们的能力范围之内时，一般都能茁壮成长。如果事情太具挑战性，当他们觉得自己不够天才或者聪明的时候，他就兴趣索然了。另一方面，面对的事情越是困难，成长型的孩子越兴奋。变得更好的这个过程实际上要比已经掌握了某种事情的感觉更好。当他们觉得已经掌握一项技能，通常就会移步到其他新的事情上。

定型思维的人患抑郁症的比例更高，而且，正如你所想的那样，从大学或者他们从事的各种职业生涯、体育运动中退出的概率也更高。正如著名教练约翰·伍登（John Wooden）说过的，**"在你开始责怪之前你并没有失败。你可以从错误中学习，直到你改正这些错误"**。而定型思维的孩子的做法则是这样的，他们责怪自己，或者不愿意承认自己的失败。

我看到过的证明我们潜能的可塑性质的最佳著作大概是《异类》（*Outliers*），由马尔科姆·格拉德韦尔（Malcolm Gladwell）所著。在书里，他驳斥了天才天生的说法，并用众多的例子证明，在天才形成的过程中，最重要的一项因素是努力，所举例子的范围从莫扎特到比尔·盖茨。研究表明，形成天才水平的技能要花 10,000 小时。如果你相信自己的才能已经由星象定型了，就不会付出这么大的努力。米开朗琪罗曾经抱怨，"如果人们知道我为精通技艺所付出的努力，就不会感觉如此神奇了"。

有时候，想要触碰到屋顶，需要借助外力。我猜测，对于其他的忍者神龟来说，也不会更容易。

遗憾的是，这是另一件与我们的文化背道而驰的事情，而且你将不得不保护自己的孩子免受其害。正如格拉德韦

尔指出的，"**我们的社会把信手拈来毫不费力的成就看得高
于通过努力获得的成就**"。媒体给我们展示各种一夜成名的
例子，鼓励孩子去《英国达人秀》（*Britain's Got Talent*）节
目试音，而他们所具备的只是一个欲望，想拥有那样的才能
给自己带来关注。在你孩子身上培养这样的思想——他们永
远都在提升当中，失败是成功的一部分，而且他们的提升就
掌握在自己的手里。由此带来的坚韧将会在他们一生中保护
他们。

把孩子取得的成功归因于某种定型或者天生的东西，比
如这样的说法，"你的智力测验得到了 100 分，你简直太
聪明了"，或者"简这孩子总是做得那么好，因为她太机灵
了"，或者"我能理解马丁是怎么转职业队的了，他获得了
上帝赋予的天才"，实际上忽视了他们付出的努力。如果孩
子认同他们的成功来自一种定型的能力，就会觉得不需要付
出太多的奋斗。相反，**要把孩子的成功归因于他们的勤勉。**
按照因果的说法，让努力成为成功的原因。"你的智力测验
得到了 100 分？真厉害，你付出这么多的努力，这真的是你
应该得到的结果"，或者"简这个孩子总是做得很好，因为
她真的能够坚持不懈"，或者"我可以理解马丁是怎么转职
业队的了，你应该明白他付出了多少辛苦"。

我认为，**天才不是指你是什么，而是你拥有什么。**每个
孩子都会对某种东西有一种天分。帮助他们找到那种东西是

什么，然后鼓励他们培养它。

如果可以教会孩子在任何挑战或者困难中找到机会，相信能够得到的反馈不只是失败，在他们身上培养内生的动机，让内控型成为思考的习惯，在他们身上构建每天执行一些小的正面行为的习惯，鼓励他们形成一种成长型思维方式，你将培养出一个坚毅、独立，而且能够让自己的生活变成他希望的任何样子的年轻人。

观察他们的语言

这是一个很好的年纪，可以利用你的语言引导他们构建现实，并注意改正所有可能让他们准备进入戒备状态的事情。他们会在对话中夹杂关于自己、关于世界以及方方面面的表述。在他们整个青春时期都会是这样的情况，但是这个年龄段是他们的大脑开始对世界的奇妙有更多理解能力的时候，是施加影响的最佳时间段。所以，请仔细听。有时候，孩子跺着脚从你身边跑开，叫嚷着："对我你永远都没有时间！"这在他的记忆中标记了某些重要的事情。在构建这种情况方面，他们在做法上大多会如此显而易见地随心所欲，他们将向你迎面扑来：

"罗杰从来不叫我出去玩，因为他认为我很笨。"

"我要不是这样一个蠢蛋，大概就有机会入选足球队了。"

这个清单列起来无穷无尽。注意他们对"因为"这个词的使用,"让"这个动词——比如在"当她这样说话的时候,让我很生气",或者"妈妈每次说我笨的时候,都让我感觉很糟糕",以及"如果 X 发生……那么就出现 Y 结果"。

一旦你开始训练自己去倾听他们说的话,它们几乎无处不在。你的工作是辨别孩子们负面因果的合理性;如果这些东西被留下来并不断重复,最终就会变成真理。按照这样的思路做出应对:

"如果罗杰不认为你笨的话,那还可能是什么其他原因?"

"你其实不笨,那需要让罗杰如何看你?"

注意你自己所做出的因果说法,因为那些基于你的局限的信念的说法可能会影响你的孩子。引导他们与走向正面的因果联系上:

"那位女士给我在队列里留了个位置。她简直太好心了。"

"我赢了今天的高尔夫球赛。我所有的辛苦都没有白费。"

"我老板今天对我简直太恐怖了。我想他当时的情绪不是太好。"

很有意思,如果认真倾听你对自己所做的因果陈述,并且思考:"我想让孩子在同样的情形下讲同样的话吗?"你很快就会识别出大脑正在用来构建这个模式的那些东西。如果你随后问:"如果不是的话我会喜欢听到他们说什么?"它就可以开始训练你的大脑走向一条成长的道路,而不再让你更深地陷入以戒备模式思考的习惯中。

就你对孩子所提的要求给出恰当而且合理的理由——"我希望你今天帮我搭把手，因为我今天没有时间一个人做完。""你不可以买新手机，因为我们需要为买车攒钱，而且，我们不能见什么都买吧。"

因果中的一件最重要的事情是避免把你不希望孩子做的事情，或者他们的缺点，与他们的人格联系起来：

"你失败了，因为你太懒。"

"你太胖了，因为你贪吃。"

基于同样的理由，也不要向他们提及别人的局限是与其本人相关的事情：

"服务生给我拿错了饮料，她真笨。"

"苏珊一口回绝了我，她真小气。"

他们将学会去你指出的地方寻找原因，所以，小心你的手指头。

另外，也用你向他们提出的那些问题指导他们走向成长。不要问："今天学校什么情况？"而是问他们：

· "你帮助谁了？""谁帮助你了？"

· "你对谁好了？"

· "谁对你好了？"

· "你能教我你今天学到的东西吗？"

· "你今天遇到的最有趣的事情是什么？"

· "谁 / 什么让你放声大笑？""你把谁逗笑了？"
· "最艰难的是什么事情？""你如何解决的？"
· "如果这种情况再次发生，你会怎么解决？"

12 岁至成年

选择自己走的路

啊，青春的欢乐在召唤。要记住的一个关键是这个时期会有结束的一天。而且其中的大部分问题真的不是他们的错。研究证实，他们真的需要得到更多的帮助——他们的身体将会经历很多奇妙的变化。要时刻牢记在心里，大脑在大约 20 岁之前是不会发育完全的，有时候需要的时间甚至还更长，而且大脑最后发育完成的那部分是处理专注和结果的。这就给我们解释清楚了很多问题，包括为什么这些熊孩子对备考阶段不努力学习可能带来的后果总是一副满不在乎的样子。当你冲他们怒吼："你不知道考试不及格对你的未来意味着什么吗？"他们其实真的不知道。他们的大脑还不具备得出结论所需的功能。毫不意外，对他们做出的那些负面后果显而易见的行为，我们只能无奈地摇头。毫不意外，当某种愚蠢的做法最终造成了很糟糕的结果的时候，我们总是会看到他们大睁着惊奇的双眼。在他们的眼界还无法看到下个星期四之后的时候，谁会认为把他们生活中的某些重大决策交给他们去做是个好主意？在受试者的大脑尚未学会专注的时候，决定在大多数科目中采用大量的结果性考试的人会是英才吗？而且，在所有的这些压力之中，身体分泌出了大量的性激素进入他们的身体系统，与此同时，我们的文化则忙于告诉他们，除非严格遵循越来越多的规则，比如穿什么、听谁的话、用什么发胶产品以及什么样的身材可以接受，在性方面绝对无法越雷池一步。大概是距离我儿子的青春期已经足够远了，我现在能够有点儿平心静气地谈论这个话题，但是，写到这里，确实还是让我感觉愧对他们。做个青春期的孩子简直太难了。

或许你很幸运，有一个没有经过什么风浪，也没有丝毫抱怨，就顺利渡过了这个阶段的孩子。如果你真是如此幸运，如果你想保留住大家对你的喜爱，在面对那些不那么幸运的家长时最好还是假装一下。正常情况下，你应该会遇到一些风浪，甚至可能感觉要失去他们。这大概算是好的亲子教育的标志——他们的安全感足以让他们长出羽毛，张开双翼。尽可能多地赋予他们自由（记住内控型需要勇气），同时不降低你的生活质量。记住他们会回到你的身边。他们将来一定会的。你拥有他们需要继承的遗产。要注意你的影响很可能不足以抵抗他们那些同伴的压力，所以，尽可能避免逼迫他们做出选择的情况。聪明地挑选你们之间的对抗。从长远来看，他们所犯的错误大部分可能其实无关紧要，而且某些你看来错误的事情，或许实际上会在更远的未来带来某些奇妙的东西。生活的奇妙之处就在于我们永远都不会知道什么东西将会带来什么，所以，我的建议是一定要保持淡定。在这个阶段的整个过程中，好的亲子教育愈来愈多地变成提出建议，并在你的建议被无视的时候坦然接受现实。如果你已经把他们培养成了内控型的人，那你已经尽到了最大的努力。他们必须得拥有自己的选择。

极其重要的一点是，我要提示你记住 8 句格言中的一条：**他们还不是以后要成为的那个样子。**我为人父母 30 多年了，与此相伴相随的担心依然存在，只是担心的目标会变。而且你知道吗，几乎全都是白费功夫。我的孩子个个都很棒——而且，他们仍然还不是将要成为的样子。有些父母给我打电话，请我去看他们的问题孩子，涉及的问题包括了孩子们不会正常地去凑热闹、不认真考试，或者对自己的职位漠不关心。不是说没有需要我提供这一类帮助的孩子，但是，绝大部分孩子其实并不需要。儿童时代的大部分担忧，他们自己就能解决，而且这个过程实际上还会帮助他们学会以更强大的姿态抵御生活中的各种风浪。我还是个孩子的时候会害怕很多东西——比如说典型的黑暗——而我在没有咨询师帮助的情况下也自己挺过来了。如果你正在读这本书，那你的基因是求生比赛中的奥运冠军——它们必须是强大的，否则就应该去数不胜数的被淘汰的基因躺着的地方。大部分从创伤中走出来的人并没有被创伤伤害。这是事实。

本着放手孩子，相信他们会失败，并从你认为可能有危险的地方找到成长机会的精神，我想跟你分享一些我的小狗贝蒂教会我的东西，这部分内容我在博客中也做过分享。

我们要走的道路是属于自己的

我们居住在赛特福德森林的边缘，这是一个古老的区域，曾经是布狄卡的家园——而且有谣传说也是她的陵墓所在地。在雾蒙蒙的秋日，很容易让人想象有大批的凯尔特人正从丛林中走出来。这是一个让我们的两只狗狂奔的绝佳地点。弗雷德和贝蒂在对自由的反应上有很大的不同，就跟人类婴儿的表现一样。弗雷德在追赶贝蒂的时候会消失一小会儿，但是很快会带着对鲁莽带给它的兴奋返回，而贝蒂就会跑得无影无踪——常常消失很长一段时间，对我们的呼叫、口哨或者招呼它的各种承诺充耳不闻。它喜欢气味追踪，喜欢的程度超过其他一切事情，而且，很久之前我们就做好了心理准备，可能会在哪天因为遇到意外，或者遭遇愤怒的牡鹿而失去它。但是，当它消失的时间超出了平均"走失"时间时，我们的心情仍然会难以抑制的焦急。

前几天，在焦急地等着它再次出现的时候，我发现"走失"这个词根本不适合用在它这种情况上。在我有限的感觉中，贝蒂一旦从我的视线中消失在树丛里，或者听不到它的呼吸声，我就认为它失踪了。就它惊人的嗅觉和听觉来说，我怀疑它其实对我们的位置一直都了如指掌，而树丛对此毫无影响。我意识到，如果在我的想象中树丛消失，我可能就一直能够看到它，而且它的路径大概是一个又一个的大圆弧，我们作为该圆弧上的点，它会定时地回来查看，确保我们没有走失。

或许，这与我孩子的情况并没有什么太大的区别。当他们离家的时候，我担心没有我智慧的指导，他们的生活能力可能不足。通常情况下，从我的观察角度看，他们似乎走失了。我现在意识到，他们只是在跟随着一个我看不见的弧形走——而且，就跟贝蒂一样，该弧形是在搜索他们想要寻找的东西，而不是我想让他们寻找的东西。如果他们需要我，他们随时都知道我所处的位置，而且，跟贝蒂一样，他们会时不时地返回来找我。

我现在意识到，孩子们没有走失，因为他们不是在追随我们的路径穿越森林。你无法理解他们的选择并不意味着他们走失了。我想象他们正在游荡的树林只存在于我的大脑中——对他们来说，生活可能像一片海滩，或者一个广阔的开放空间。我的两个儿子一个 31 岁，一个 33 岁，我看到的是，他们的圆弧已经引导他们构建起了自己的生活，彼此间存在着很大的差异，然而都是他们自己的创造。他们不仅生活幸福，而且生活经历把他们塑造成了真正的男子汉，我很为他们骄傲，而如果他们只是按照我当初为他们选择的道路走，将会让我的这份骄傲大打折扣。

按照本能渴望的那样去替孩子们选择他们的圆弧，不是我们应该做的事。我们的任务是让他们装备好旅行的工具，给他们足够的爱，让自己成为他们返回时的一个站点，而且让他们去奔跑。引用歌星詹姆斯·莫里森（James Morrison）的话来说，他们不是失去，只是尚未发现——尤其是对他们自己。这个自我发现的举动不正是生活的意义吗？作为父母，我会很想高声喊出："在那里！"这样的做法或许对他们并没有帮助。让他们放眼看世界，让他们奔跑，并记得喘口气。他们会平安无事，而且会把一些精彩的东西带回家来。不要学贝蒂——上周带回来一只鸽子。

在本书写作的后期我才意识到，这个隐喻其实也适用于我自己。我过去以为我是在分享我从孩子身上学到的一些可能会引起其他父母共鸣的经验，但是现在我意识到，这大概对我们大部分人来说都是适用的，无论是不是为人父母。我在一条由我的父母谨慎标注的穿越森林的小道上花了很长时间，把很多强烈的兴趣埋在心底，后来才被我的专业唤醒。当我现在回过头去看时，才意识到我在一条规划得很好的道路上的迷失，超过了我离开它之后的所有迷失。当我为了追踪自己的轨迹而放弃它之后，在自己的驱使下，我找到了幸福、成功以及追寻跟自己一样道路的志同道合的人。而且我的圆弧是反向的。我现在意识到，一起走在林间小道上的旅伴可能会把我突然转向，一头扎进树林里的做法看成是这场定向越野中的一个错误——谁会离开一份只要再等 7 年就能领到退休金的有保障的工作？当我正考虑把父母也包括在那些不理解我的人里面的时候，一段记忆突然出现在我脑海中：在离开警队的那一天，我收到了妈妈寄给我的卡片，上面写着希望我足够幸运，而且也表达了她对我的信心。她不理解我的这段弯路，但是她也不会试图拉紧我的绳子。

　　在涉及自己的人生时，我认为对我们要做出的选择以及为什么做这个选择有清醒的认识很重要。被那些走在一条为人所熟知的道路上的人看成是弯路的那条道路，实际上才是我真正追求的开始。我在那之前所走的道路一直都处在弯道上。从很多方面看它都是必不可少的，而且很容易被误认为是真理，但终究是条弯道。

　　你得准备好接受这个事实，除了你自己，别人也许都无法理解你的选择——直到你碰到其他那些正在走自己的圆弧的人。引用作家休·麦克劳德（Hugh Macleod）的说法，你的生活选择越是正确，别人能够给你的好建议也就越少。所以，如果鼻子里有一种让你无法抵御的味道搅动得你热血沸腾，不要管别人怎么说。如果你像贝蒂，你不会有这样的麻烦事，你对他们的说法其实可以充耳不闻。你的孩子所追踪的那种无形的气味可能就是他们来到这个世界上应该过的日子。你觉得被吸引的小路可能对你来说也是一样。我的建议是，深吸一口气……然后，奔跑。

结　论

我开始写一本书，从一捆白纸开始，现在这本书就躺在我身旁。随着它的成长，它变了，就跟个孩子一模一样。我之前以为它大概只会关于一些我的客户经历过的普遍的痛苦，可以帮助你让你和孩子不再受这些痛苦的困扰。由于这些痛苦与我们大脑工作的方式关联，也由于我们的大脑如何工作跟我们的社会运行的方式有联系，这本书变成了某种更为庞大的东西：一种思想。这种思想认为，改变你培养孩子的方法可以切实地提升你自己。随后，它仍然还在继续成为某种更有意义的东西：让世界变得更好。

我不会要求你把这个过程当成改革运动——我非常相信你一天里有大量的其他事情要做——但是，好消息是，你不必勉强自己。如果你在孩子来到这个世界的头一年通过抚触，通过你可靠的存在，通过你跟他们讲的有关他们的，正面而且爱意满满的言语，表现出爱意、快乐和高兴的面部表情，让他们有安全感，你已经开始把他们的大脑调整到对生活和成长的期待上。从这里出发，如果你利用好他们年轻的计算能力，让你的解释风格充满乐观，在事件与他们的认同感之间建立联系，你就让他们做好了准备，会在所有的地方都能够看到机会。如果你教会他们为自己的结果负责，相信他们的世界只会是他们想要的样子，那么你已经让他们踏上了通向内控型人格的道路。如果你鼓励他们拥有成长型思维，而不是一种僵化的模式，他们就会成长为在面对眼前的挑战时坚韧不拔的人，并在应对困难的过程中持续地成长。如果你在他们身上养成了严格坚持那些让他们保持进步的小习惯，而且找到激励他们的内在方式，就能够跷着二郎腿，坐着欣赏他们在生活中驰骋——注意，帮他们成长的过程也让你获得了成长。

如果有足够多的家长在以这样的方式培养孩子，有足够多的你们，作为家人，回避媒体上那些促使你们进入戒备状态的事情，回避收集消费至上主义者标签的诱惑，反而甘愿为他人提供服务，那么就有可能达到一个临界点，你们都为一只新蝴蝶扇动翅膀做出了贡献，让这个世界真正地变成一个更美好的地方。

改变一个孩子，同时改变一个家长，改变这个世界。我喜欢这个主意。

开始吧。

致　谢

　　我总是把一本书的致谢部分留到最后。在完成之前，我从来都不会确切地知道需要感谢谁，因为帮助总是出现在不经意之间。它同时也以一种有意义的方式提醒我，尽管写一本书在很大程度上是一段孤独的经历，但是，一本书从来都不会只来自一个人的思想。

　　具体到这本书来说，我要感谢的人除了我的孩子们还会有谁？我有两个了不起的儿子，马克和斯图尔特。他们总是让我笑得合不拢嘴，这一点我非常珍视，而且他们两人都支持切尔西足球队，这代表我做了点儿正确的事情。现在，他们都有了自己的孩子，两人都证明了一件事情，就是当我处于他们现在这个位置的时候，显而易见是个在学习上反应很慢的学生。他们以一种让我非常骄傲的方式掌握了要领，而且，作为一个当了爷爷的人，我希望他们知道我一直都站在他们的身后。

接下来是我生命中的新惊喜，我的孙子希思、萨莎和塞思。希思是马克的儿子。在我开始构思这本书的时候，他才刚刚来到这个世界，而现在，随着我写完这本书的最后一部分，希思已经给我们带来了 5 年的快乐。他的恶作剧，有时甚至只是在从网络上传给我们的照片上看到他的笑脸，就照亮了很多个寒冷的清晨。萨莎是斯图尔特的女儿，这对我来说是某种全新的体验——一个小女孩，漂亮、勇敢而且充满了神秘感。我想，她的小手指会成为我最为熟悉的地方。而现在，一年之前，她迎来了一个小弟弟，塞思，对于这个小家伙来说，咯咯地狂笑似乎是他一天中大部分时间的自动反应。他们就是爱在无限扩展的证明。他们给了我们如此多的期待。

一如既往，我的客户仍然是我生命中最大的学习源泉，我想感谢他们所有人给予我的一切。改变需要勇气，我花了大量的时间跟这些非常勇敢的人待在一起。孩童公司的那些人是人文精神和希望力量的源泉。我为成为它的一员而骄傲，也为它的消亡而心碎。

如果我的学生看到这本书，将在熟悉的领域里找到自己，而且他们也应该这样，因为促成这本书的理念以及里面的语句和格言一直频繁地出现在他们面前。我非常幸运能吸引到这些学生，是他们激励着我讲授认知催眠疗法，而且他们持续不断地用它做出了很多精彩的工作。看着这个共享的旅程带我们来到的地方真的是件激动人心的事情。

试读者在写作本书的过程中占据了一个特殊的位置——一个令人痛苦不堪的位置，但是绝对不可或缺。每个试读者都从不同的角度把它批得体无完肤，留给我这本书为什么还不够好的三种不同说法。从那里，以及我作为作者的自信崩塌中，更好的东西终于露出水面。如果你不喜欢这本书，真的不是他们的错，就我给他们的内容来说他们已经尽力了。简、鲁斯以及凯特，非常感谢你们。然后，在我认为我的工作已经完成了的时候，才华横溢的编辑赛斯莱德·布兰德雷斯的工作才刚开始。她拿走手稿，让它经过另外一个搅拌器，你现在看到的这本书才最终出现了。我真心地感激，比我当时表现出来的要更加地感激。

有机会在出版人兼编辑马克·布思的指导下了解出版界，对我来说是一次真正的成长。他对我不动声色的信任，他含蓄的建议，他不那么含蓄的建议，以及他为了让本书达到它可能达到的最佳状态的固执，让我对他的感激超出了他能想象的地步。还有霍德出版社的可爱团队，全都是些了不起的人，他们做了很多工作把这本书带到你发现它的地方，他们真的会让会议开得十分有意思，还有挺不错的饼干吃。

最后，我要感谢与我共度一生的三个人。第一位，我的妻子贝克斯。我们在我寻找生活道路的时候成为夫妻，而且我从来都没有认为这是偶然。她是我最好的朋友、顾问和红颜知己（我应该把爱人包括进来，但是我的孩子会看这本书，他们会觉得这个说法过分腻歪），对我很多的错误给予了巨大的宽恕。我知道她对那些错误了如指掌，因为她列了个清单。谢天谢地，当我在一次对话中忽视了她说出的对我的感觉的时候，几分钟后，我意识到了，结结巴巴地说："你刚刚说的那个事情……我们要讨论一下吗？"天知道，如果我没有这样做，她现在会是怎样。也许会更好。

　　最后两位是成对出现的。在一场悲剧之后，我们得到了两只小狗，它们是小型德牧犬，分别叫作弗雷德和贝蒂。求和的结果比各个加数多出了很多。它们给我们带来了大量的对话、快乐、欢笑和混乱。在我写到这里的时候，弗雷德欢跳着从门口跑过来，嘴里叼着门口的脚踏垫。通过狗所特有的奇妙的方式，它们毫不费力地提醒我们，当专注于真正重要的问题时，成长是多么轻而易举的事情。尽管它们为什么会认为真正重要的事情是吃羊粪这一点完全超出了我们的想象。

图书在版编目（CIP）数据

给大人的成长书 / （英）特雷弗·西尔维斯特著；
何正云译. -- 北京：北京联合出版公司，2022.5
ISBN 978-7-5596-4466-4

Ⅰ.①给… Ⅱ.①特… ②何… Ⅲ.①家庭教育
Ⅳ.①G78

中国版本图书馆CIP数据核字（2020）第138497号

给大人的成长书

[英] 特雷弗·西尔维斯特（Trevor Silvester） 著

何正云 译

出 品 人：赵红仕
出版监制：刘 凯 赵鑫玮
选题策划：联合低音
特约编辑：李春宴 刘苗苗
责任编辑：周 杨
封面设计：象上品牌设计
内文排版：薛丹阳

关注联合低音

北京联合出版公司出版
（北京市西城区德外大街83号楼9层 100088）
北京联合天畅文化传播公司发行
北京美图印务有限公司印刷 新华书店经销
字数162千字 880毫米×1230毫米 1/32 9印张
2022年5月第1版 2022年5月第1次印刷
ISBN 978-7-5596-4466-4
定价：39.80元

给年轻人的一封信：

我想告诉你们的 **7** 件事

A LETTER TO YOUNG PEOPLE:
SEVEN THINGS I WANT YOU TO KNOW

现在，我承认，这确实有点儿像是作者玩的小伎俩。我真的会期望你的孩子能读这本书吗——尤其是在你要他们读的情况下？谁知道呢，我相信有些孩子可能会，而且如果这些内容是从你的口中进入他们的耳朵的，那就再好不过了。我爷爷弗雷德·库克的智慧和信念给了我非常大的帮助，我毫不怀疑，我打算要分享的这些内容就源起于他。我希望也能对你和你的孩子有所帮助。

亲爱的希思、萨莎和塞思：

　　1. 坏事可能会落到你头上。

　　2. 种瓜得瓜，种豆得豆。

　　3. 有时候，你的恐惧毫无意义，甚至跟你没有任何关系。

　　4. 你期盼什么样的未来就会得到什么样的未来。

　　5. 你的穿着打扮没有必要去问别人的意见。

　　6. 有时候，有人想要教训你是他们本身有问题。

　　7. 你将书写自己的人生故事，成为里面你想成为的那个角色。

1. 坏事可能会落到你头上

　　会有这样的日子，你坐在某个地方失声痛哭，控诉生活有多糟糕、多不公平，以及别人有多么不堪。痛哭是对的——这确实是让你冷静下来的不错的方法，而且，每个人偶尔都会需要痛哭一场。重要的是你哭完之后所做的事情。生活不公，好心没有得到好报（不管怎么说，就是应该做这些事），只有在你对别人怀有期望的时候，他们才会让你失望。我相信，生活是什么样子由我们自己决定，我们的想象力是可以提供帮助的强大武器。所以，我喜欢表现得好像坏事要先发生才会有好事随后发生——而且，结果似乎确实如此。我喜欢表现得好像我已经得到了应对发生在我身上的事情所需的一切。而且我发现自己能够做到，即使真的很难。表现得"好像"你具有好的品质帮助你做好事是很好的，远比表现得"好像"你具有坏的品质阻止你做好事要好得多。我爷爷告诉过我，**"不是说可以轻而易举，只是确实存在这种可能"**。而且，如果你为自己想要的东西付出了一切，它就是这样，无论这个"它"指的是什么。**你无法跟成功讨价还价，你要是不给它它想要的东西，它就会去找其他人。**

相信我，生活砸在你身上的一切都会让你变得更加强大，只是在当时你感受不到而已。在很多古老的文化中，人们会让小男孩经历一系列的仪式把他们变成大人。这个过程通常都会涉及痛苦——夏延族人（the Cheyenne）把男孩绑到树干上，他们必须要自己挣脱出来。如果你加入幼童军或者女童军，人们会让你唱《金刚鹅》（Ging Gang Goolie）。实质上这些都是一回事。这些古老仪式的出发点就是痛苦之中出天才；**从你的伤痛之中发现能够展示出你才能的东西。**我发现，如果你相信真的是这样，而且按照这样的方式去做，你就能够让它成真。

看起来好像是一场灾难的事情，有时却会带来一些好事。就好像看起来似乎会走好运的事情有时候可能也会带来坏事。有一次，我看到一只虫子艰难地穿越炽热的天井。为了帮助它，我好心地把它捡起来放到草地上。一只乌鸦看到了，便飞过来吃了它。这让我想到了我一直很喜欢的一个故事：

　　有一位老人，他拥有一匹漂亮的公马。大家都说能拥有这样一匹马他是多么幸运啊。"也许吧。"他说。有一天，这匹马跑走了。大家说这位老人很不幸。"也许吧。"他说。第二天，这匹马回来了，带来了一群漂亮的小马。大家说这简直太幸运了。"也许吧。"老人说。后来，老人的儿子从一匹小马上摔了下来，把腿摔坏了。大家说这很不幸。"也许吧。"老人说。过了一段时间，这个地方发生了一场战争。很多年轻人战死了。但是，由于摔伤了腿，老人的儿子没上战场，所以幸免于难。大家说，这很幸运。

　　"也许吧。"老人说。

在当下，你永远也不可能知道，从长远看事情到底是好还是坏，所以，就把那些好的享受到极致，不要把那些坏的太当回事，尤其是不要把它们看成是永恒不变的——不管是好的时候还是坏的时候，它总是存在着另外一面。可以肯定的一件事情是，没有任何事情是恒久不变的，而且我们对此也无可奈何，所以，对事物不要太过于依恋。从好时光里吸取精髓，在坏的时候辛勤耕耘，不要停留在"老天不公平"旅馆里，或者"全世界都在针对我"这样的唠叨中。

只要你在行动，就一定会跌倒。关键的问题是你要学到东西，以便不以同样的方式跌倒两次。关键的问题是你找到什么样的理由让自己重新站起来。

2. 种瓜得瓜，种豆得豆

不是在你身上发生了什么，而是你把它变成了什么。我知道这听起来就像是老生常谈，但是，如果你能恪守它的原则，这个说法是千真万确的。在电影《涉外大饭店》（*The Best Exotic Marigold Hotel*）中，有人说，"**最后所有的事情都会是对的……如果还不对，那就是它还没有到最后**"。我认为这就是真理，而且对我的帮助很大。

下面是另外一个故事：

　　一天傍晚，一位切诺基族老人跟他的孙子讲了一场发生在人们内心里的战斗。他说："我的孩子啊，在我们的内心中，有两匹狼在战斗。一匹叫恐惧：它是愤怒、羡慕、嫉妒、悔恨、后悔、贪婪、傲慢、自怜、自责、憎恶、自卑、谎言、狂妄、目空一切而且自负；另外一匹叫爱：它是高兴、平和、希望、安详、谦恭、友善、仁慈、同情、大度、真实、悲悯和信心。"孙子想了一会儿，然后问爷爷："哪一匹狼赢了？"老人轻轻地回答道："你喂养得最用心的那一匹。"

如果你专注于所发生的坏事，大脑就会自动调整，把这类信息更多地带入你的注意力频道上。如果我对你说"不要想一棵蓝色的树"，你的大脑里会想到什么？大脑必须处理负面的事，所以，聚焦于你想要的东西，而不是你不想要的那些。聚焦于生活中的所有好事，每天都要这样做。通过你的关注去喂养好事情，它们就会成长——你也会同样地成长。每天晚上睡觉之前，回顾一下你当天所做的事情，想出其中的三件好事来。这些事情不一定非得是什么大事——我今天早上看到了今年的第一只蝴蝶——但是让它们尽可能与人或者自然有关。如果能把它们写下来就更好了。当你必须从大量的选择中挑选出三件事的时候，你就会知道这已经成了一种习惯。

3. 有时候，你的恐惧毫无意义，甚至跟你没有任何关系

我还在当警察的时候，常常害怕被别人认为胆小，因为我大部分同事似乎要比我勇敢得多。现在，我已经开始意识到，勇敢不是不害怕，而是尽管害怕还是继续行动——而

且大部分人都跟你一样努力让别人看到自己勇敢的一面。所以，不要被恐惧吓倒，而且要记住，它以两种特性出现。一种是害怕某种身体上的伤害会发生在自己身上。出现这种害怕时，原则是如果其他人都会害怕（或者处在你的位置上会害怕），那么你就应该感到害怕，所以要采取相应的行动（尽管从一位内控型人的角度出发，你仍然具有控制自己反应的力量）。如果情况不是这样，那你就身处可以进行选择的情形中。聚焦在你的大脑告诉你的办法上，并遵循它的指引。

第二种特性就是害怕别人的看法。在这种情况出现的时候，请让我跟你分享我一生中学到的最重要的经验：**你一生中能够得到的最大乐趣就是做自己**。就是这样。享受做自己的乐趣，你害怕的大部分事情就会消失不见。如果你害怕别人会怎么看你，就会把自己扭曲成你认为大家想看到的你的样子，在每种场景下都有各种不同的样子。很多来找我的人都有身份认知危机——他们说不知道"真正的自己"是哪一个。这是因为他们为了满足别人而创造出了太多个不同版本的自己，让自己都很难从中选择。就做自己，因为其他人有其他人去做。除非你向别人展示"你"，否则怎么能让别人真正地了解你，并且爱你呢？而这样做最佳的方式就是乐于成为那个人。大家都将发现你更有吸引力，因为这让他们也可以放下伪装。你能够发现那些很舒服地做自己的人，因为他们总是笑个不停，做自己喜欢的事情，而不取悦或者附和他人。

　　有时候，大家听到我这样说，就认为这是让自己变得自私的秘诀——被允许做适合他们自己的事情，而对其他的事视而不见。我认为你不会这样——如果你是真正的"你"的话。我相信，善良、给予他人和服务他人是成长中的人最自然不过的行为。做自己获得的大量乐趣就来自做那些事情的过程。

　　然而，还有其他人的恐惧。在你年轻的时候，这些恐惧中的一部分来自你的父母。他们爱你，而且我发现，我最大的担心是我的孩子——而现在是我的孙辈。过度的担心会让我们以对其他人不会表现出来的那种方式来对你。我们有时候会由于害怕某些事情发生在你身上而试图阻止你做某件事。我给你讲一个吓人的事情。当萨莎的父亲 16 岁的时候，他说想要一辆摩托车。我本不想让他拥有这种车，但是在他这个年龄的时候我自己也有一辆，所以，我怎么能开口拒绝呢？我给他设置了个障碍，以为可以阻止他——他得自己攒钱买，因为我当时也是自己买的。现在我意识到当初我父母大概也是出于同样的理由给我设定了条件。让我大失所望的是，斯图尔特做到了。我想头盔得我给他买，以确保头盔的质量。在这个伟大的日子里，我开车带他去取摩托车，然后跟着他回家。汽车开了不到 2 公里的距离，我就伏在方向盘上干呕起来，一个没有经验的骑车人的糟糕表现是多么吓人啊。这是你们的父母在某些事情上对你们说不许时所害怕的那种情况。他们正在脑子里生成一幅画面，如果你做自己要求做的事情，可能会出现的问题在这幅画面里栩栩如生。所以，理解它，原谅它（记住他们正在随着你的成长而学习如何当好父母，对他们来说，一切也都是新的），并且，当你们长大后，在某些情况下忽略它——但是要做好接受后果的准备。你不能生活在别人担心的泡泡里，否则它就会变成你的现实。我知道，你的父母会同意你做大量让他们担心的事情。很好。你可能需要做得比那多一点儿。我相信你知道我指的是哪些，因为，如果你摔坏了腿，不要来怪我。一定要确保你做一件事是因为自己想做，而不是为了给人留下好印象或者取悦他人。而且，不要因为那是父母的期许就一味地反抗。没来由地反抗一切并不是真正的叛逆，它只是另外一种形式的顺从。

最后一种恐惧是其他人想要传递给我们的恐惧。他们以很多种方式来做这件事情。最常见的，而且也是人们最能够意识到的一种，是害怕做得不够好，不被别人喜欢或者没有人爱。有些人会试图通过让你感觉更糟而让他们自己感觉更好。一定要记住，**别人无法拿走你的权利，只有你能够放弃它**。所以，不要放弃。如果你觉得自己被某个人的议论伤害了，问问自己："让他们不得不说出那样的话来的是他们身上的什么问题？"你很快就会发现自己得到的答案揭示了其他人的不安全感。练习一下这种方法。这是一种绝佳的防备方式，让你避开他人用他们对自己的感受来影响你的企图。记住，对他人不友善不是本事，只是这个人自己脆弱的标志。**记住，如果有人正试图让你感觉软弱，一定是因为你更强大。**你将会发现，如果你就是乐于做自己，做真正的自己，善意就在触手可及之处，而且在这样的情况下，那些不高兴的人的恶意将伤不到你一分一毫。永远不要被别人说服觉得自己很糟糕是与他们建立关系的正确或者唯一的方法。那是他们对自己的感受，就让他们自己好好地留着吧。

4. 你期盼什么样的未来就会得到什么样的未来

我有时候会听到有人以一种玩世不恭、"老天会给"的口吻讲出这句话，我说的其实不是这个意思。我前面已经讲过两个故事，现在，请听我跟你讲我的一位客户的故事，他的经历堪称经典。他的名字叫杰罗尼莫，有一个升职的机会。这样的机会他之前就有过，但总是被某些事情给搞砸了。这一次，他在伴侣的敦促下提出了申请。他开始出现晚上睡觉时大汗淋漓的情况，而且对所有肯听他说话的人说，他大概升不了职。他发现自己在本来准备得很充分的情况下总是会莫名其妙地紧张。每次想到面试，或者有人提到面试，他脑子里就会出现自己变成了一个十足的傻瓜的样子。随着面试的日期越来越近，他的紧张也日益加重，晚上噩梦出现得越来越频繁。到了面试的那一天，他的伴侣不得不强行把他推到面试现场。在走进面试间去面对面试小组人员的目光之前，他不停地往厕所里跑——这是可以呕吐的最后机会了。他变成了一个连话都讲不清楚的人，只能勉强拼凑出简单的句子，面试变成了他的噩梦。他得到了自己预计的未来。

你关注什么就会得到什么。如果你把事情出现糟糕情况的可能性作为想到它时所关注的焦点，那么大脑就会越来越把这种情况当成最有可能出现的未来，并做出相应的反应，转换到戒备模式上。从某种意义上说，大脑分辨不出真正发生的事情与你想象出来的事情之间的区别，所以，它就让身体按照它们都是一回事做出回应——这就是为什么我们从噩梦中醒来的时候会伴随着怦怦的心跳。从戒备反应中分泌的肾上腺素会让你变得更不像自己——**强烈的情绪让你变得愚蠢**——你也不会在自己的最佳状态。**按照你期望的情况去想事情**。如果杰罗尼莫先生在头脑里已经把这次面试排练好，真正专注于那些会让他自信满满的事情，他的大脑就会释放多巴胺，让他感觉到那些面试时会获得的赞赏。他本应该把它当成一个成长的机会。这样做无法保证他一定能够得到这个职位，却能够让他以最有可能得到这个职位的样子出现在面试现场。

害怕是对还没有发生的事情的担心，对于已经发生的事情你不会害怕。"啊，"我听到你说，"上周我打坏了妈妈最喜欢的花瓶，这真的让我很害怕。""是的，"我像大师一样摸摸白胡须，回应道，"如果你知道她永远也发现不了，大概就不会害怕了。让你痛苦不堪的是担心她发现之后会发生什么情况。"马克·吐温属于那些会说出警句的人。我最喜欢的警句是这样的，"我生活中一直都在害怕很多事情，绝大部分从来没有发生过"。一个世纪之后，我最喜欢的电影《留级之王：聚会联络人》（*Van Wilder: Party Liaison*）（我一直偏爱经典）中的主角用这样的说辞支持了马克·吐温的观点，"**害怕就像一把摇椅。它会给你些事情去做，但不会让你有任何的进展**"。

我在本书的前面部分提到过这个问题。想象你拥有两个圈。一个是你的影响圈——你能够影响到的事情。另一个是你的关注圈——可能出现在你心里的事情，但你无法直接改变。

需要关注的事情有很多，媒体随时都会把它们抛向我们：环境、政府、经济、各种健康问题，以及世界大事。如果我们不注意，就会把大量精力花在关注圈中的事情上，而不是花在影响圈。这对助力我们成长没有任何作用，而且它还会让我们满脑子想的都是去寻找更多同样的东西。如果你

关注圈

大的关注圈和小的影响圈
导致大量时间和精力的浪费

影响圈

小的关注圈和大的影响圈
把大量时间和精力用在你掌控范围内的事情上

反过来专注于生活中你能够影响的事情，就会提高自主意识。不要把影响与控制这二者搞混了。我无法控制人类对环境正在做的破坏活动，但是可以控制我对它造成的破坏，而且可以选择去影响做这些事情时的参与水平，可以加入环保游说组织（像绿色和平组织），帮助我们当地的野生动物保护基金会筹款或者在花园里种棵树。我认为，通过专注于你的影响圈，你会开始意识到自己所拥有的个人力量。这将会让你在生活中变得更为积极主动，反过来它又将扩大并丰富你的世界。如果你影响不了它，也不要太担心——你有比坐在摇椅里更好的事情要去做。

你拥有一部时间机器。你的大脑可以把你送到过去，或者进入未来。但请谨慎使用这部机器，因为你花在考虑未来或者回首过去的每一秒，都无法享受当下的时间。这是一种戒备的方式，要尽量回避它。只去回忆让自己感觉良好的过去，或者能给你当下所需要的东西的过去。每天晚上睡着之前，让你所期盼的未来的样子在脑子里呈现出来。这两种习惯的结合，将会把你的大脑调整为成长模式。通过这样的做法——关注当下——你会更加清楚地意识到潜意识让你去关注的那些机会，这会把你带向自己想要的那个未来。记住，你跟所有人一样，走在同样的大街上，会有让你们跌倒的坑，也都能捡到地上的幸运钱。你路上碰到的最常见的东西，主要是由你的期盼带来的。

5. 你的穿着打扮没有必要去问别人的意见

　　成年人常常把孩子做出与自己不同的选择看成是逆反的信号。在大多数情况下，这其实是他们更为看重谁的意见（父母的还是朋友的）造成的。再后来，这两方面的意见都听取，但是由自己做出决定，将会是他们真正的目标。

　　同样，很多人在挑选衣服方面也会出现与似乎显而易见的情况截然相反的结果——它满足了合群的需要。少年常常喜欢把自己看成叛逆者，但是，他们很少会对抗的群体是他们自己的同伴。小孩子一门心思地想合群，而且，对于很多人来说，最大的愿望就是通过与群体规范保持一致而使自己与之融为一体。所以，尽管成年人（甚至是各个年龄段的人）会把一群哥特族（Goths）或者硬核朋克（Emos）——或者无论什么在你处于那个年纪时的反主流文化群体——看成叛逆，实际上他们只是一群遵循自己决定遵从的规范的孩子。归属感是他们唯一想要的东西。随着年轻人开始挣脱父母的控制，人类的进化要求我们不要独自对抗整个世界，所以，同伴群体变得极为重要。甚至内向者也会在可能的情况下与一两位特别的朋友保持紧密的联系，虽然他们与外向者相比拥有的朋友群体要小得多。他们会形成一种特定的语言、规矩、衣着偏好。群体内总会有领头的人，观察大家如何模仿他们的领头人是一件很有意思的事情。这是因为人都会喜欢那些喜欢自己的人。几百万年来，当部落之外的人已经成了比部落内部问题更大的威胁，我们进化出了这样一种特质：觉得相似感让人感觉很舒服，而且通过采用类似的符号来表达，比如衣物、装饰、幽默以及喜欢的音乐。随着社会分层，毫不意外地，趋势势必由群体中领头的人来引领。情况并不总是这样，但通常是的。

在我还是个小男孩的时候，衣物还不是这样的符号。现在，名牌开始出现在婴儿装上，所以，从一开始，孩子们就被灌输了这样的思想，认为这很重要。这纯粹是我的个人偏见，但是我宁愿穿一件便宜的 T 恤衫，上面印着"我是笨蛋"，也不愿花一大笔钱在证明这种说法的名牌时装上。为质量买单，为你喜欢它而买单，这完全没有问题。没有人能够告诉你某件东西的价值，只有你自己知道，所以，如果你喜欢那件衣服，如果你很享受通过这些衣物来表达自己，如果它们是"喜欢做自己"的一部分，那么愿花钱就花吧。只是不要为了讨好其他人，或者希望别人因为这个东西更喜欢你而去花冤枉钱。

我不是要求你从一开始就做到这样。尤其是在青春期，在你的举止养成的同时，披上一些掩饰是必要的。但是，这样的时刻将会到来，此时你环顾四周，意识到自己不再喜欢周围的人，因为你们身上都带着同样的徽标，而且这样的情况也同样出现在这些人身上。除非你套上迪士尼的行头，否则你不会因为穿着而获得别人更多的青睐，你的所作所为才会。我发现最能提高我人气的事是不要想着有人气，只是想着做好人。事实确实如此。你的身边每天都围绕着很多对别人友好，让他们觉得因为一路上有你而感觉更加高兴的机会。它几乎不需要你付出任何的努力。注意一下，尽量说一些有关他们的好事，或者跟他们打招呼的时候脸上带点儿微笑，问问他们近况可好（并认真倾听他们的回答）。在超市里帮别人开一下门，帮助他们取一下商品。为别人服务。就是这么简单。

实证心理学研究的是幸福的人做什么事情能够更幸福，实证心理学家的发现是，幸福不是与生俱来的，而是生活方式所造成的结果，而且其中最根本的一点是为别人服务。如果你尽心尽力地让别人获益，我保证你会为此而感觉更好。对别人为你做的事情表达感激，别人也会感激你为他们做的事情。让善意成为你的品牌，你就算穿着用过的垃圾袋，大家也仍然会喜欢你，并且想要你出现在他们的生活中——甚至大家都会开始穿上垃圾袋，因为他们也想得到你已经得到的东西。

6. 有时候，有人想要教训你是他们本身有问题

我在学校里被霸凌过。不是很严重。通常，实际上让

我倍受折磨的是害怕下一个或许就该轮到我了——从此我喜欢上了范·维尔德的智慧。在我们那一届，有一个人人都害怕的小男孩。有些人尽可能离他远远的，其他人则成了他的跟随者。有一段时间，我试图对他们敬而远之，但是根本做不到，所以我基本上只能采用幽默的方式来分散他们的注意力。被霸凌让我对自己产生了怀疑——如果你在戒备状态中生活得太久，你通常会变成一个在受到惊吓时很少想到自己的人。过了很多年我才意识到，霸凌别人的人才是那个最害怕的人。

我在本书的前面部分曾经说过，我们如何害怕被拒绝——来自父母的以及来自外部的。如果我们的经历让我们得出结论，认为自己作为一个人很不"行"的话，那么我们一般会以这两种方式中来保护自己或者做出反应：要么投降，要么进攻。

采用第一种方式的人群中会形成一种氛围，认为"世界是行的，但是我不行"。问题在于他们的失败，别人都要比他们行，而且比他们更善于处理问题。他们会倾向于把其他人放到优先的位置——成为讨好别人的人。他们不太会为自己仗义执言，常常会成为某人的受气包。他们等待别人的拯救，常常让自己依附于某个他们认为很强大，或者处于拯救位置的人。他们来到我的治疗室，希望我会是那个拯救者。

随后，你会遇到这样的人，他们表现出"我没问题，是世界不行"。这些人通常就是霸凌者，他们需要处于顶端，自己必须是对的，一定要证明别人是错的，让所有必须听他们话的人看看自己有多了不起。他们一般不会来治疗，除非是为了证明他们的治疗师跟其他治疗师一样垃圾。他们的攻击是战斗迷彩伪装。刮除掉这层迷彩，你会发现他们其实根本就不认为自己有多了不起；他们的伎俩就是通过让周围的人感觉不好来让自己感觉良好。他们尽量把别人踩下去来让自己不陷入自怨自艾的泥潭中。很遗憾，**由负面情绪驱使的行为一般都会带来你唯恐避之不及的东西**，所以，他们对自暴自弃的反应提高了自己自暴自弃的程度，随着时光的流逝，他们变得越来越不幸福——而且也让那些依附于他们的顺从者有同样的感受，因为这两种类型常常是如影随形的。顺从者可能被攻击者虚幻的力量所吸引，感觉自己本就该被欺凌。拥有那些生活在自己影子里的伙伴，会让攻击者感觉自己更加强大。有意思的是，如果他们之间的关系最终破裂，崩溃的一般都是攻击者。顺从者有机会从这段经历中学到些东西，这会帮助他们移动到一个更好的位置——一个认识到我们都是一条战壕中的战友的坚毅果敢的人。

　　来自这两个不同阵营的人你都会遇到。顺从者要么会试图让你相信你会解决他们的需求，要么让你认同世界是一个充满威胁和危险的地方，一有机会就会伤害你这种理念。攻击者会想要说服你相信，你来这里就是为了服务好他们的需求的，但你永远达不到他们要求的标准，你合适的位置一定要在他们之下。如果你有朋友有这样的家长，你会看到这样的影响，因为你的朋友会在这一切成真之前，忍气吞声。如果交了顺从者这样的朋友，不要被他们提供给你的服务诱惑，请帮助他们去发现自己的价值。你的尊严不会因为他们的奴性而提升，而是因为他们的解放。如果交了进攻者这样的朋友请一定要小心，他们会损耗你的信心，试图让你跟他们一样不友善。

研究证实，我们会成为我们相处最紧密的 5 个人的混合体。按照建立在此基础上的模型选择朋友。我想成为什么样的人？我认识身上拥有这些特质的人吗？人们会把他们的东西传授给你，不管是有意的还是无意的。

7. 你将书写自己的人生故事，成为里面你想成为的那个角色

大部分人的人生仿佛在遵循着某种剧本——而且是某个人正在撰写的剧本。正如我前面所说，有人说在 7 岁之前把男孩子交给他们，他们会还给你一个男人。有个名叫埃里克·伯恩的人认为，大约在这个年龄，孩子们已经确定了自己的人生故事，并将用自己的余生来验证，不管是个美好的故事还是恐怖片。让我们的过去成为我们的命运很容易，让

我们变得更像自己一贯的样子也不难，但是不一定非得这样。

我认为，人生最大的目标就是从这个隐形的剧作家手上拿走键盘，并由你定义你的故事的性质和里面的角色。**我相信，除了你自己决定的命运再没有任何其他的命运，对于你为什么在这里，除了你给出的那个答案，其他的答案也没有任何意义。全宇宙没人在看着，没人在评判。所以，你可以成为自己选择的那个人。**"选择"这个词很重要。它就是你的目标。

我过去认为，"个人成长"会让我的问题消失。当然，从某种角度看，我的想法是对的，因为我甚至都记不起来自己过去害怕过什么，但是新的问题又随之而来，取代了它们的位置。跟很多人一样，我希望人生之海平静如镜。事实却并非如此，我只是学会更好地乘风破浪，而个人成长的要点正在于此——意识到掌舵的是你的手，是你的选择决定着靠哪颗星星领航，走向哪一种命运。有意识地生活以及不把对选择的控制权拱手相让是最为艰难的选择，也是最能让你竭尽全力去争取最想要的生活的选择。

维克托·弗兰克尔（Viktor Frankl）是一位被纳粹送进集中营的犹太精神分析师。他当了 3 年的囚徒。他在自己的经典之作《活出生命的意义》（*Man's Search for Meaning*）中写下了他的经历，以及从中学到的东西。请阅读这本书。它的精髓是这样的：

你无法从我身上拿走的一样东西就是我选择的对你对我做的事情做出反应的方式。一个人最后的自由是在任何特定的情况下选择自己的态度。

没有人能够告诉你，你的角色是谁，也没有人能告诉你，你的故事是什么样的。生活也不能，但是 80% 的人会交给它。每天早晨醒来，选择你对待人生的态度，并以此态度生活，撰写自己的人生故事。**练习不会带来完美，但它将永恒。**如果你每天都练习做自己，清醒地意识到拥有的每一天都是你自己的选择，并且做那个每天都能从选择里享受最大乐趣的自己，那么，不久之后，你就会成为真正的你。这是一个英雄般的选择，但大部分人做不到。

噢，不要太把自己当回事，因为从某种程度上说，你只是大脑想象出来的，就跟其他人一样。

我爱你们，
你们的爷爷